Manipulación

Los secretos poco difundidos que la gente con rasgos de tríada oscura conoce sobre la persuasión, la psicología humana, el análisis del lenguaje corporal y el control de la mente

Índice

INTRODUCCIÓN 1

CAPÍTULO UNO: LOS NUEVE RASGOS OSCUROS DE LA
PERSONALIDAD 3

PRUEBA DEL NÚCLEO OSCURO DE LA PERSONALIDAD 14

CAPÍTULO DOS: LA TRÍADA OSCURA...24

CAPÍTULO TRES: NARCISISMO 28

CAPÍTULO CUATRO: PSICOPATÍA 36

CAPÍTULO CINCO: MAQUIAVELISMO 45

CAPÍTULO SEIS: SADISMO...53

CAPÍTULO SIETE: GASLIGHTERS Y LA MANIPULACIÓN
EMOCIONAL...62

CAPÍTULO OCHO: CÓMO DETECTAR UNA MENTIRA A TRAVÉS
DEL LENGUAJE CORPORAL 71

CAPÍTULO NUEVE: TRATANDO CON LOS MANIPULADORES EN
SU ESPACIO DE TRABAJO 76

CAPÍTULO DIEZ: CÓMO SE UTILIZA LA PNL PARA MANIPULAR
A LOS DEMÁS..81

CAPÍTULO ONCE: CONTROL MENTAL Y LAVADO DE CEREBRO 87

CAPÍTULO DOCE: MANIPULACIÓN DE LOS MEDIOS DE
COMUNICACIÓN E INFLUENCIA SUBLIMINAL 95

CAPÍTULO TRECE: LA PSICOLOGÍA OSCURA DEL CIBERESPACIO ..100

CAPÍTULO CATORCE: LA PSICOLOGÍA OSCURA DE LOS CULTOS...104

CAPÍTULO QUINCE: EJEMPLOS DE PROPAGANDA POLÍTICA 107
CAPÍTULO DIECISÉIS: CÓMO PROTEGERSE DE LOS
MANIPULADORES 113
CONCLUSIÓN 118
VEA MÁS LIBROS ESCRITOS POR NEIL MORTON 119

Introducción

El mundo de hoy es un lugar de influencia—la gente está continuamente encontrando una manera de conseguir que otros hagan su voluntad. Todo el mundo tiene un motivo oculto, y si no se tiene cuidado, será arrastrado al lugar oscuro donde su subconsciente se convierte en un juguete para la gente malvada. Desde los influencers de las redes sociales y los oradores públicos hasta su jefe, compañero de trabajo, amigo, familia y compañero—muchas personas pueden tratar de influenciarlo.

Al principio, la idea puede parecer mayormente inofensiva. Sin embargo, ¿Conoce el punto en el que la influencia se convierte en manipulación? ¿Cómo puede diferenciar entre la influencia positiva o negativa y las manipulaciones? No hay mucha gente que pueda responder a esta pregunta, y eso está bien. Pero no hay razón para no educarse, especialmente con la cantidad de manipulación, control mental y técnicas de lavado de cerebro que prosperan en las relaciones personales, profesionales y sociales.

Este libro es para las personas que quieren aprender las estrategias secretas, los consejos y las técnicas utilizadas por los manipuladores para influenciar y posiblemente derribar el fundamento mismo de la identidad de sus víctimas, precisamente con el fin de utilizar la información para protegerse a sí mismos. Si pertenece a esta categoría de personas, siga leyendo.

Durante siglos, ciertos elementos de la sociedad han utilizado el arte de la manipulación para obtener, ejercer y mantener el control y el dominio sobre otros. Basándose en años de investigación, los científicos han establecido que las personas que más lo hacen son personas con los rasgos de personalidad de la *Tríada Oscura*. *¿Cuáles son los rasgos de la Tríada Oscura? ¿Y quién los exhibe?* Estas preguntas y más se responden en esta increíble guía.

El libro comienza hablando de la *Psicología de la Personalidad* y de cómo la psicología—como todo—tiene un lado oscuro. Luego progresa hacia las personas que abrazan el aspecto oscuro de la psicología y las técnicas que utilizan para lograr el control sobre las mentes y las vidas de otras personas.

De principio a fin, esta guía cubre todo lo que se necesita saber sobre la manipulación. Usted aprenderá acerca de las técnicas de control mental, el lenguaje corporal, y el uso de la psicología humana. Más importante aún, descubrirá cómo el gobierno y los medios de comunicación influyen en su comportamiento sin darse cuenta.

Así que, sin más preámbulos, es hora de diseccionar el arte de la manipulación...

Capítulo uno: Los nueve rasgos oscuros de la personalidad

Según la Asociación Americana de Psicología (American Psychological Association o APA), la psicología es el estudio científico de la mente y el comportamiento. La psicología es multifacética y abarca varios aspectos de estudio, uno de los cuales es la psicología de la personalidad. Los humanos se han interesado en la comprensión de la personalidad desde el principio de los tiempos. En la antigua China, los rasgos de personalidad se asignaban en base al año de nacimiento de los individuos. Los que estudian las estrellas creen que la naturaleza humana se define por la posición del planeta el día en que nace una persona en relación con otros objetos y elementos celestes. El médico griego Hipócrates creía que los fluidos corporales caracterizaban la personalidad. Al mismo tiempo, otros griegos pensaban que se fundamentaba en una enfermedad específica. A lo largo de la historia, los humanos han encontrado la personalidad intrigante, y han tratado persistentemente de entenderla. La ciencia también tiene mucho que decir sobre la personalidad y el desarrollo de la personalidad.

¿Cómo explica la ciencia las características dominantes de los *individuos*? Bueno, eso es precisamente lo que implica la psicología de la personalidad. Esta rama de la psicología se dedica enteramente al argumento de "Naturaleza Vs. Crianza" que se dedica a entender cómo se forma el comportamiento humano.

La personalidad es un término interesante con el que usted, como todo el mundo, está familiarizado, pero que resulta difícil describir o definir. En algún momento de su vida, debe haber hecho una declaración sobre su gusto por la personalidad de alguien. Frases como: "Me gusta su personalidad" o "Me encanta su personalidad" son cosas que hemos dicho o escuchado. Probablemente también conozca el "trastorno de la personalidad". Pero si alguien le pidiera que le diera un par de sinónimos de personalidad en este momento, ¿podría hacerlo? Como mucha gente, puede que se le ocurran unas pocas palabras que encajen. Esto es normal, ya que la personalidad es un concepto abstracto. No se puede describir completamente con una sola palabra o frase. Aún así, es esencial comprender las definiciones y ejemplos si quiere entender el comportamiento humano y la psicología de la personalidad. Saber cómo los múltiples aspectos de un individuo se unen para convertirse en un "todo" le ayudará a avanzar en la vida.

La personalidad se origina de la palabra en latín *persona*, que significa máscara. En la antigüedad, un personaje era una máscara usada en el escenario por los actores para ocultar sus identidades reales mientras representaban un rasgo particular del personaje. Según la APA, la personalidad es "las diferencias individuales en los patrones característicos de pensamiento, sentimiento y comportamiento". La personalidad es lo que uno es, desde cómo piensa y se comporta hasta cómo vive su vida y forma relaciones con los demás. Su carácter es único para usted. Es un conjunto de características que determinan la forma en que usted reacciona a sus pensamientos, emociones, motivaciones, personas y a su entorno en general. También puede pensar en su personalidad como un patrón propio y único de pensamientos, sentimientos y comportamientos, que, en gran medida, influye en sus valores, actitud y autopercepción. Algunos de los mejores sinónimos de personalidad son carácter, naturaleza, temperamento, disposición, identidad, etc. Sin embargo, estas palabras no captan completamente la esencia de lo que es la personalidad.

La personalidad es un tema intrigante, y esto es evidente en los muchos hechos divertidos sobre la personalidad y los tipos de personalidad. Por ejemplo, la ciencia sugiere que la personalidad puede verse afectada por el orden de nacimiento. Esto significa que los hijos mayores, los intermedios, los menores y los hijos únicos suelen diferenciarse de alguna manera, independientemente de la familia de la que procedan. Esto explica por qué la gente dice que los primogénitos actúan de cierta manera o que los hijos únicos suelen ser tratados de una forma u otra. Otro hecho emocionante de la personalidad es que el sentirse enamorado o enamorada de otra persona puede modificar su personalidad, reduciendo las disposiciones neuróticas, incluyendo el enfado o la preocupación. Además, la personalidad cambia a medida que uno envejece, por lo que la gente se vuelve más agradable a medida que envejece. ¿Alguna vez su padre le dijo que, "Debería haber conocido a su abuela hace veinte años"? ¿Sabía también que algunos alimentos están relacionados con los trastornos de personalidad? Por lo tanto, si usted come un tipo específico de alimentos con más frecuencia, es probable que desarrolle un trastorno de la personalidad. ¿No es eso interesante? Por último, los científicos dicen que los individuos optimistas tienden a vivir más tiempo porque el pensamiento positivo da como resultado una vida más saludable e inadvertidamente más larga. Podríamos seguir hablando de la personalidad, y siempre habrá un hecho que nos hará alucinar y que reforzará la creencia de que es un tema apasionante.

Como usted es la persona que mejor se conoce a sí mismo, podría describir su personalidad. Sin embargo, ¿alguna vez se ha preguntado de qué se trata el estudio científico de la personalidad? La psicología de la personalidad se define como "un estudio científico que tiene como objetivo mostrar cómo las personas son diferentes individualmente debido a las tendencias psicológicas". Esto significa que la psicología de la personalidad tiene como objetivo entender cómo el pensamiento y el comportamiento pueden variar de un individuo a otro. El propósito de la psicología de la personalidad es ayudarle a saber cómo desarrollar ese conjunto de características peculiares en usted y cómo influyen en su pensamiento y comportamiento. Los psicólogos de la personalidad examinan la variación de la personalidad entre los individuos, así como las similitudes. Así es como pueden identificar los trastornos de personalidad en las personas. Entender su naturaleza y la de las personas que le rodean le da una valiosa visión de su bienestar mental y emocional. A menudo, algunas personas se aprovechan de personas con ciertas personalidades, pero nunca se dan cuenta.

Varios factores contribuyen al desarrollo del individuo que usted es hoy en día, incluyendo las experiencias de vida, la crianza y la genética. La mayoría de las personas argumentan que lo que realmente lo separa de los demás es el patrón de pensamientos, sentimientos y conductas que constituyen su personalidad. No hay consenso sobre una definición específica y singular de la personalidad. Aún así, muchos profesionales están de acuerdo en que se formula desde el interior de cada individuo y rara vez cambia a lo largo de la vida. Comprender la personalidad le ayuda a predecir cómo responderán las personas de su entorno a situaciones específicas y las cosas que más valoran. Conocer las teorías de la personalidad más ampliamente aceptadas y su historia a lo largo del tiempo puede ser de gran ayuda para entender cómo los investigadores de la psicología estudian la psicología de la personalidad. Aunque algunos de estos argumentos son considerados tontos por muchas personas, es indiscutible que cada teoría añade algo al rompecabezas de la psicología de la personalidad. Cada teoría de la psicología de la personalidad explica lo que comprende el interior y el exterior de las personas. Una cosa interesante a señalar sobre el estudio científico de la personalidad es que lo que usted cree saber sobre su personalidad no está en línea con la investigación científica.

A lo largo de los años, han surgido numerosas teorías para explicar y desglosar los numerosos aspectos de la personalidad. Algunos enfoques se centran en la forma en que se desarrolla la personalidad, mientras que otros se ocupan de las diferencias de personalidad entre las personas.

La Teoría de Galeno es una de las teorías de la personalidad más importantes. Se basa en las creencias y nociones de Hipócrates sobre la personalidad. Galeno, un médico, escritor y filósofo griego, alegaba que un temperamento equilibrado equivale a la salud. Por lo tanto, está automáticamente sano si su temperamento es estable. De lo contrario, sus fluidos corporales están fuera de sincronía. Los fluidos se denominaron sanguíneos, melancólicos, coléricos y flemáticos. La descripción de la personalidad de Galeno se originó de los cuatro elementos: tierra, agua, viento y fuego. Durante más de 1.000 años, la teoría de la personalidad de Galeno fue la teoría más aceptada. Aunque se ha demostrado que esta teoría es falsa a medida que la civilización humana evolucionó, es intrigante saber cómo los humanos y los investigadores se han interesado en comprender la psique humana desde el año 2000 a. C. Esta teoría fue ampliada por Immanuel Kant en el siglo XVIII.

Otra teoría popular es la teoría de la personalidad de Gall, que fue propuesta en el siglo XVIII por Franz Gall, un médico alemán. La teoría de Gall se basa en el cráneo y también se conoce como frenología. Según el médico, la medición de la longitud del área entre las protuberancias de la cabeza de un individuo puede revelar el tamaño de su cerebro, así como información sobre su personalidad. Se puede averiguar lo amable y afable que es una persona y si puede cometer un asesinato. Eventualmente, esta teoría fue considerada una pseudociencia por los investigadores, por lo que fue popular y aceptada por varios años.

También existen las teorías de Freud y Erikson—originalmente desarrolladas por Freud y posteriormente ampliadas por Erik Erikson. Sigmund Freud es conocido como el fundador de una de las teorías de la personalidad más conocidas. Su teoría psicoanalítica establece una serie de fases y conflictos internos que los humanos experimentan antes de que se forme su personalidad. Más tarde, Erikson también construyó un argumento comparable basado en el trabajo de Freud. Aunque hay diferencias significativas en ambas teorías, ambas coinciden en que las experiencias y fases de la primera infancia influyen en la formación de la personalidad. En otras palabras, los eventos que le suceden conforme pasa de niño a adolescente y a adulto tienen un efecto significativo en quien se convierte.

Hoy en día, la más influyente es la Teoría de los Rasgos de la Personalidad. Las teorías de esta categoría se basan en la creencia de que la personalidad se compone de amplios rasgos y disposiciones. Han surgido varios enfoques para identificar los atributos específicos que sirven como aspectos vitales de la personalidad y evaluar el número total de rasgos de la personalidad. El primer psicólogo que describió la personalidad en relación con características individuales fue Gordon Allport. Desde su perspectiva, Allport argumentó que hay tres tipos diferentes de rasgos: comunes, centrales y cardenales. Los rasgos comunes son los que comparten las personas dentro de una cultura particular, los rasgos centrales son los que conforman la personalidad de una persona, y los rasgos cardinales son los rasgos dominantes por los que un individuo llega a ser conocido principalmente. Por lo tanto, sus rasgos cardinales son los que más exhibe, que es con lo que la mayoría de la gente lo describiría. Por ejemplo, Jesús era ampliamente conocido por su perdón. Él perdonaba, tanto que dio su vida por otras personas para alcanzar el perdón. Ese es un ejemplo de un rasgo cardinal. Allport sugirió además que la gente tiene hasta 4.000 rasgos.

Otro psicólogo, Raymond Cattell, argumentó que solo hay dieciséis rasgos individuales. Sugirió además que estos rasgos existen como un patrón y que las personas los poseen en diversos grados. Otro psicólogo, Hans Eysenck, redujo aún más la lista hecha por Cartell a la extroversión, el psicotismo y el neuroticismo.

Sin embargo, la teoría del rasgo más popular de la personalidad es la teoría de los Cinco Grandes, que es ampliamente aceptada por los profesionales. Muchos investigadores y psicólogos están de acuerdo con esta teoría. La teoría de los Cinco Grandes propone que la personalidad comprende cinco dimensiones dentro de una personalidad integral:

- Amabilidad
- Conciencia
- Extraversión
- Neuroticismo
- Apertura

Sin embargo, la teoría de los "Cinco Grandes" o teorías de los rasgos no se basan en el trabajo de un solo investigador; fue creada en base a investigaciones y estudios de muchos especialistas.

La teoría explica además que cada uno de los rasgos individuales existe en un amplio espectro. Su personalidad se encuentra en algún lugar del espectro para cada rasgo establecido. Esto significa que estos cinco rasgos no son una cosa de "o lo uno o lo otro". Son más como un indicador, donde puede caer en el extremo superior o inferior. Por ejemplo, usted puede tener un alto nivel de amabilidad y extroversión, pero puede tener un bajo nivel de apertura, neuroticismo y conciencia. Las personas que caen en el extremo superior de la apertura suelen ser muy creativas, emocionales, intelectuales, liberales, progresistas, y les encanta correr riesgos y aventuras atrevidas.

Por el contrario, los individuos que caen en el extremo inferior de la apertura tienden a no gustarle el cambio y son resistentes a las ideas creativas o nuevas. Las personas con alta apertura tienden a preocuparse más por los demás y están dispuestas a ayudar a los necesitados. También son empáticos e inclinados a interesarse por lo que otros están pasando. Los que están en el extremo inferior del espectro, por otro lado, suelen ser manipuladores, egoístas y competitivos.

Los individuos altamente neuróticos son propensos a experimentar ansiedad, estrés, cambios de humor y preocupación. Las personas en el extremo inferior raramente se deprimen y generalmente son estables emocionalmente, mientras que aquellos en el extremo superior del espectro de la extroversión disfrutan conociendo nuevos amigos y siendo el centro de admiración y atención. También se sienten muy enérgicos alrededor de la gente y no les gusta estar solos. Además, rara vez piensan antes de hablar y tienden a ser habladores.

Los individuos que no son extrovertidos encuentran las reuniones sociales agotadoras, les gusta estar solos, y encuentran innecesaria la "charla".

A la gente consciente le encanta mantener las cosas en orden, tiene un asombroso autocontrol, valora la puntualidad y establece y cumple plazos.

Los que están en el extremo inferior de la escala de conciencia son los que "siguen la corriente", hacen las cosas por impulso, y las postergan.

Después de una considerable cantidad de investigación, los expertos que se centraron en la psicología de la personalidad encontraron que los cinco rasgos mencionados anteriormente son:

- Universales
- Biológicos

Aunque los rasgos pueden aumentar o disminuir a medida que envejece, se mantienen prácticamente iguales en la edad adulta.

Por muy interesante y aparentemente positiva que sea la psicología de la personalidad, también tiene un lado oscuro. Independientemente de donde viva, debe haber conocido a una o más personas "malas". De hecho, probablemente usted ha conocido más gente mala que buena. ¿Qué hace a estas personas malas? ¿Su personalidad? Cuando la gente habla de psicología, habla sobre todo de los aspectos positivos y beneficiosos. Hay innumerables libros que explican cómo se pueden utilizar prácticas como la *atención plena* para influir en los pensamientos y el comportamiento; sin embargo, muchas personas no se dan cuenta de que la psicología también se puede utilizar de formas que no son tan beneficiosas. Es importante señalar que los humanos a veces no tienen control sobre sus acciones, pero a menudo creen que sí lo tienen. Por lo tanto, puede estar exhibiendo un patrón de comportamiento que cae en el lado oscuro de la psicología sin darse cuenta.

La psicología oscura puede considerarse tanto una construcción mental como el estudio de la inclinación psicológica de los seres humanos a aprovecharse de los demás, sobre la base de ciertas pulsiones psicológicas, psicopáticas y psicopatológicas. La tendencia de aprovecharse de los demás es común en todos los humanos, pero el impulso es más fuerte en algunas personas. Si bien mucha de la población humana generalmente se abstiene de actuar sobre estas tendencias egoístas y patológicas, muchas personas actúan sobre ellas. El estudio de la psicología oscura se basa en esas personas que no pueden o no quieren entrenar sus impulsos y se abstienen de actuar sobre sus deseos más profundos. La historia y la vida cotidiana están llenas de ejemplos de personas que actúan de forma despiadada, egoísta y malévola. La psicología oscura tiene como objetivo comprender los pensamientos, sentimientos, percepciones y motivaciones que se acumulan en los comportamientos depredadores de muchas personas.

Los expertos en psicología han asignado diferentes nombres a las tendencias oscuras en los humanos. Bajo un término general, estas tendencias se conocen como los rasgos oscuros. Hay nueve, pero la mayoría de la gente conoce una (el narcisismo) debido a su popularidad y a su concepto erróneo en los medios de comunicación. Los nueve rasgos de personalidad oscuros son:

- Egoísmo
- Maquiavelismo
- Desconexión moral
- Narcisismo
- Derecho psicológico
- Psicopatía
- Sadismo
- Interés propio
- Rencor

Estos nueve rasgos forman lo que se considera el núcleo de la personalidad oscura. Sin embargo, la psicopatía, el maquiavelismo y el narcisismo son considerados como los más oscuros de los nueve rasgos, y juntos, forman lo que se conoce como la Tríada Oscura. Antes de que la tríada oscura se discuta en profundidad, aquí hay un breve desglose de los nueve rasgos y por qué forman el núcleo de la psicología de la personalidad oscura.

Egoísmo se describe como la absorción excesiva o la preocupación por el logro de uno en desventaja de los demás. Los egoístas creen que el interés propio siempre debe ponerse por encima de todo, independientemente de los intereses de los demás.

Maquiavelismo es la creencia de que el fin justifica los medios. Los maquiavélicos se comportan de manera manipuladora e insensible, sin preocuparse de quién sale herido en el proceso de conseguir lo que quiere.

Desconexión moral es un proceso cognitivo que permite a la gente comportarse de forma poco ética sin sentirse angustiada. Las personas que están desconectadas moralmente pueden lastimar a otros sin sentirse mal por ello.

Narcisismo es la concentración excesiva en uno mismo, la creencia de que uno es superior a los demás y una necesidad irracional de atención y admiración. Los narcisistas creen que tienen más que ofrecer en la vida que los demás.

Derecho psicológico es la creencia de que uno es superior a otras personas sin razón aparente. Las personas con derechos psicológicos tienden a creer que merecen algo mejor en la vida que los demás.

Psicopatía se refiere a la falta de empatía y autocontrol y a la tendencia a actuar por impulso. Las personas psicópatas rara vez son capaces de controlar sus acciones y no sienten remordimiento por la forma en que tratan a otras personas. La mayoría de los asesinos en serie son psicópatas.

Sadismo es un deseo innato de infligir daños físicos, mentales o emocionales a otros para su placer o beneficio. Los sádicos obtienen una alegría inconmensurable torturando o causando daño a otros.

Interés propio es el deseo de mejorar la situación financiera o social de uno, sin importar los obstáculos.

Rencor es la voluntad o el deseo de lastimar a otros—incluso si es lastimado en el proceso.

Estos nueve rasgos oscuros tienen algo en común, y los expertos en psicología de la personalidad se refieren al factor común como "factor D". El siguiente capítulo habla específicamente de la malévola Tríada Oscura y el factor D. Su conclusión aquí debería ser que la psicología no es del todo positiva y color de rosa—como a mucha gente se le hace creer a través de los medios de comunicación. Hay un lado oscuro de la psicología, y es muy importante entenderlo. No importa lo que usted haga, algunas personas malvadas se ponen a sí mismas antes que a todos. Le harán daño—emocional, mental, físico, financiero y sexual—a menos que aprenda sus tácticas y cómo mantenerse alejado de ellas.

Prueba del núcleo oscuro de la personalidad

Es vital notar que mientras algunas personas usan tácticas oscuras de control mental—que están asociadas con los rasgos oscuros—muchos las usan sin darse cuenta. La mayoría de la gente no manipula con intención, pero, por supuesto, aquellos que lo hacen intencionalmente son los que la mayoría de los libros abordan. Aquellos que no son conscientes de usar las tácticas han aprendido estos comportamientos en la infancia, ya sea de sus padres o tutores, en su adolescencia, o incluso en la edad adulta. Este tipo de persona aprende el comportamiento por casualidad. Por ejemplo, si se utiliza intencionalmente una táctica de manipulación con alguien que se conoce y se obtiene lo que se desea, es probable que se siga utilizando la táctica para esa misma persona, pero no se dará cuenta del daño que se le está haciendo. En ciertos casos, algunas personas incluso reciben entrenamiento en tácticas oscuras, como programas de entrenamiento en ventas y marketing.

Para determinar si está usando subconscientemente la psicología oscura, haga el siguiente test.

1. Soy el alma de la fiesta

o Desacuerdo

o Ligeramente en desacuerdo

o Neutral

o Ligeramente de acuerdo

o De acuerdo

2. No tengo motivos para sentir preocupación por los demás

o Desacuerdo

o Ligeramente en desacuerdo

o Neutral

o Ligeramente de acuerdo

o De acuerdo

3. Estoy preparado en todo momento

o Desacuerdo

o Ligeramente en desacuerdo

o Neutral

o Ligeramente de acuerdo

o De acuerdo

4. Me estreso fácilmente

o Desacuerdo

o Ligeramente en desacuerdo

o Neutral

o Ligeramente de acuerdo

o De acuerdo

5. Tengo un impecable dominio del lenguaje

o Desacuerdo

o Ligeramente en desacuerdo

o Neutral

o Ligeramente de acuerdo

o De acuerdo

6. Raramente hablo

o Desacuerdo
o Ligeramente en desacuerdo
o Neutral
o Ligeramente de acuerdo
o De acuerdo

7. Estoy interesado en la gente

o Desacuerdo
o Ligeramente en desacuerdo
o Neutral
o Ligeramente de acuerdo
o De acuerdo

8. Dejo mis pertenencias con la gente

o Desacuerdo
o Ligeramente en desacuerdo
o Neutral
o Ligeramente de acuerdo
o De acuerdo

9. Siempre estoy relajado

o Desacuerdo
o Ligeramente en desacuerdo
o Neutral
o Ligeramente de acuerdo
o De acuerdo

10. Me resulta difícil comprender los conceptos abstractos

o Desacuerdo
o Ligeramente en desacuerdo
o Neutral
o Ligeramente de acuerdo
o De acuerdo

11. Me siento relajado alrededor de la gente

o Desacuerdo
o Ligeramente en desacuerdo
o Neutral

o Ligeramente de acuerdo

o De acuerdo

12. Disfruto burlándome de la gente

o Desacuerdo

o Ligeramente en desacuerdo

o Neutral

o Ligeramente de acuerdo

o De acuerdo

13. Estoy atento a los detalles

o Desacuerdo

o Ligeramente en desacuerdo

o Neutral

o Ligeramente de acuerdo

o De acuerdo

14. Me preocupo mucho

o Desacuerdo

o Ligeramente en desacuerdo

o Neutral

o Ligeramente de acuerdo

o De acuerdo

15. Tengo una imaginación muy explícita

o Desacuerdo

o Ligeramente en desacuerdo

o Neutral

o Ligeramente de acuerdo

o De acuerdo

16. Prefiero mantenerme alejado de la escena

o Desacuerdo

o Ligeramente en desacuerdo

o Neutral

o Ligeramente de acuerdo

o De acuerdo

17. Me pongo en el lugar de los demás

o Desacuerdo

o Ligeramente en desacuerdo

o Neutral

o Ligeramente de acuerdo

o De acuerdo

18. Soy desorganizado

o Desacuerdo

o Ligeramente en desacuerdo

o Neutral

o Ligeramente de acuerdo

o De acuerdo

19. Rara vez me siento triste

o Desacuerdo

o Ligeramente en desacuerdo

o Neutral

o Ligeramente de acuerdo

o De acuerdo

20. Las ideas abstractas me aburren

o Desacuerdo

o Ligeramente en desacuerdo

o Neutral

o Ligeramente de acuerdo

o De acuerdo

21. Soy amable con la gente

o Desacuerdo

o Ligeramente en desacuerdo

o Neutral

o Ligeramente de acuerdo

o De acuerdo

22. Me gusta iniciar conversaciones

o Desacuerdo

o Ligeramente en desacuerdo

o Neutral

o Ligeramente de acuerdo

o De acuerdo

23. No tengo interés en los problemas de las personas

o Desacuerdo

o Ligeramente en desacuerdo

o Neutral

o Ligeramente de acuerdo

o De acuerdo

24. Hago las cosas meticulosamente

o Desacuerdo

o Ligeramente en desacuerdo

o Neutral

o Ligeramente de acuerdo

o De acuerdo

25. No pierdo el tiempo

o Desacuerdo

o Ligeramente en desacuerdo

o Neutral

o Ligeramente de acuerdo

o De acuerdo

26. Me molestan fácilmente

o Desacuerdo

o Ligeramente en desacuerdo

o Neutral

o Ligeramente de acuerdo

o De acuerdo

27. Tengo grandes ideas

o Desacuerdo

o Ligeramente en desacuerdo

o Neutral

o Ligeramente de acuerdo

o De acuerdo

28. Tengo muy poco que aportar

o Desacuerdo

o Ligeramente en desacuerdo

o Neutral

o Ligeramente de acuerdo

o De acuerdo

29. Olvido devolver las cosas a su lugar correctamente

o Desacuerdo

o Ligeramente en desacuerdo

o Neutral

o Ligeramente de acuerdo

o De acuerdo

30. Me altero fácilmente

o Desacuerdo

o Ligeramente en desacuerdo

o Neutral

o Ligeramente de acuerdo

o De acuerdo

31. No soy bueno con la imaginación

o Desacuerdo

o Ligeramente en desacuerdo

o Neutral

o Ligeramente de acuerdo

o De acuerdo

32. Hablo con diferentes personas cuando estoy en una fiesta

o Desacuerdo

o Ligeramente en desacuerdo

o Neutral

o Ligeramente de acuerdo

o De acuerdo

33. No tengo interés en lo que la gente diga

o Desacuerdo

o Ligeramente en desacuerdo

o Neutral

o Ligeramente de acuerdo

o De acuerdo

34. Me gusta ser organizado

o Desacuerdo

o Ligeramente en desacuerdo

o Neutral

o Ligeramente de acuerdo

o De acuerdo

35. Experimento muchos cambios de humor

o Desacuerdo

o Ligeramente en desacuerdo

o Neutral

o Ligeramente de acuerdo

o De acuerdo

36. Entiendo las cosas rápidamente

o Desacuerdo

o Ligeramente en desacuerdo

o Neutral

o Ligeramente de acuerdo

o De acuerdo

37. Creo que la gente no se preocupa por los demás

o Desacuerdo

o Ligeramente en desacuerdo

o Neutral

o Ligeramente de acuerdo

o De acuerdo

38. Creo que las mentiras pueden ayudarme a salir adelante

o Desacuerdo

o Ligeramente en desacuerdo

o Neutral

o Ligeramente de acuerdo

o De acuerdo

39. Creo que todos se lastimarían si tuvieran la oportunidad

o Desacuerdo

o Ligeramente en desacuerdo

o Neutral

o Ligeramente de acuerdo

o De acuerdo

40. Creo que la gente que comparte sus secretos no es sabia

o Desacuerdo

o Ligeramente en desacuerdo

o Neutral

o Ligeramente de acuerdo

o De acuerdo

41. Soy más digno que otros

o Desacuerdo

o Ligeramente en desacuerdo

o Neutral

o Ligeramente de acuerdo

o De acuerdo

42. Me merezco una vida mejor que la que tengo actualmente

o Desacuerdo

o Ligeramente en desacuerdo

o Neutral

o Ligeramente de acuerdo

o De acuerdo

43. Me imagino teniendo un prestigio extraordinario

o Desacuerdo

o Ligeramente en desacuerdo

o Neutral

o Ligeramente de acuerdo

o De acuerdo

44. La gente piensa que soy extremadamente digno de adoración

o Desacuerdo

o Ligeramente en desacuerdo

o Neutral

o Ligeramente de acuerdo

o De acuerdo

45. La gente estúpida se merece lo que sea que le pase

o Desacuerdo

o Ligeramente en desacuerdo

o Neutral

o Ligeramente de acuerdo

o De acuerdo

Capítulo dos: La tríada oscura

Durante años, los psicólogos han intentado comprender los rasgos que empujan a las personas a cometer actos socialmente inaceptables, ofensivos y, a veces, criminales. En la búsqueda por entender mejor los comportamientos oscuros, el término *Tríada Oscura* se hizo conocido por muchos. La tríada oscura puede parecer un término de su película de suspenso favorita sobre asesinos, pero no es así como lo explica la psicología. El término, que ahora es muy popular, fue acuñado por Paulhus y Williams en 2002 para describir los tres rasgos de personalidad más oscuros que son inusualmente malévolos: narcisismo, maquiavelismo y psicopatía. Recientemente, los investigadores sostienen que el "sadismo" debería añadirse a la tríada oscura debido a sus similitudes con otras condiciones. El sadismo, tal como lo publica el *European Journal of Psychological Assessment (Diario Europeo de Evaluación Psicológica)*, cumple con los criterios encontrados en el narcisismo, la psicopatía y el maquiavelismo, al tiempo que aporta un nuevo elemento que es extraño a los otros rasgos oscuro—un sentimiento intrínseco de placer derivado de hacer daño a los demás.

En los últimos años, ha habido cada vez más informes sobre personas que han sido estafadas por ciberhackers y farsantes. Cometen sus actos fraudulentos sin un solo átomo de remordimiento. Estos son ejemplos de personas con rasgos de tríada oscura. A lo largo de la historia, también hay ejemplos de personas que han puesto maliciosamente sus intereses por encima de todos los demás, lo que demuestra que los rasgos oscuros de la tríada probablemente han existido desde los albores de la humanidad. Puede que usted haya conocido a gente como esta en su escuela o lugar de trabajo. O puede que incluso tenga algunos de estos rasgos sin saberlo. Una cosa sobre las personas con rasgos oscuros es que normalmente son conscientes de que están haciendo algo perjudicial para los demás. Sin embargo, la mayoría no se siente mal por ello. No se sienten mal porque tienen un sentido de empatía disminuido. Algunos incluso carecen totalmente de empatía.

En el primer análisis, es posible que crea que hay diferencias entre los tres rasgos que forman la tríada oscura. Algunas personas creen que es mucho mejor ser un narcisista que un psicópata. Algunos incluso dicen con orgullo cosas como: "Soy narcisista. No puedo evitarlo". Sin embargo, la verdad es que estos tres rasgos, y los otros seis rasgos, tienen todos vínculos precariamente cercanos. Los psicópatas son en su mayoría narcisistas, aunque no todos los narcisistas son psicópatas. Todos los rasgos oscuros provienen de la misma tendencia. Básicamente, esto significa que la mayoría de los rasgos oscuros se manifiestan a partir de una disposición singular común para todos: el núcleo oscuro de la personalidad. En la práctica, lo que esto significa es que las personas que tienen la tendencia a representar cualquiera de estos rasgos oscuros también es muy probable que muestren uno o más de los otros ocho rasgos. Es decir, si es un narcisista, tendrá una fuerte tendencia a ser un psicópata, un sádico o ambos.

Investigadores de la Universidad de Copenhague encuestaron a más de 2.500 personas. Encontraron un punto en común entre cada uno de los rasgos de personalidad oscuros retratados por las personas encuestadas. Basándose en su investigación, el factor D es el denominador común presente en todos los rasgos oscuros, particularmente en la tríada oscura. El núcleo oscuro de la personalidad, también conocido como el factor D, es "la disposición general de maximizar la utilidad individual propia—ignorando, aceptando o provocando malévolamente la inutilidad para los demás— acompañada de creencias que sirven de justificación". En pocas palabras, todos los rasgos oscuros se remontan a la tendencia humana subyacente de poner los intereses y objetivos propios por encima de las necesidades, intereses y objetivos de los demás. La mayoría de las veces, hasta el punto de obtener placer de la angustia de los demás—acompañada de diferentes creencias y percepciones que sirven para justificar las acciones, evitando así los sentimientos de culpa, arrepentimiento, vergüenza y similares que naturalmente deberían suscitarse en situaciones como esta. Así, las personas que tienen uno o más de estos rasgos hacen lo que sea necesario para conseguir lo que quieren, incluso si eso significa herir a otras personas.

Ahora, esta es la cuestión: aunque los rasgos oscuros generalmente se originan en ese núcleo común, los aspectos son predominantemente diferentes en cada rasgo. Por ejemplo, la justificación de acciones reprobables es predominante en el narcisismo. En cambio, el sadismo se rige predominantemente por la provocación de la inutilidad para los demás. Por lo tanto, mientras que los narcisistas hacen principalmente cosas y encuentran maneras de justificar sus acciones, los sádicos intencionalmente encuentran maneras de hacer sufrir a los demás. Desde un jefe narcisista hasta clientes con derecho y socios egoístas, el único común denominador es que todos priorizan sus necesidades y ganancias personales sobre las suyas. Cuando pone su ganancia individual por encima de todo lo demás, encontrará justificaciones para infligir daño a otros en el proceso, y puede evitar experimentar los sentimientos normales de culpa y vergüenza.

Si conoce a alguien que pone su ambición personal por encima de todo, ciertamente tiene uno o más rasgos de personalidad oscuros. Una persona que muestra uno de estos comportamientos malévolos tiene una mayor probabilidad de tener otros comportamientos malévolos. Si su jefe actúa como un ególatra en el presente, tiene una fuerte tendencia a sentirse y actuar moralmente superior en el futuro. El factor D puede utilizarse para evaluar la posibilidad de que un individuo que ha sido ofensivo antes se involucre en comportamientos más ofensivos o dañinos. Por lo tanto, una vez que identifique uno de los nueve rasgos oscuros en un socio, compañero de trabajo o cliente, esta debe ser toda la bandera roja que necesita para empezar a evitarlos. Si usted no los evita tan pronto como se dé cuenta, pueden terminar enredándolo en su red. Pronto, se convertirá en un ciclo del que no podrá escapar.

A partir de la descripción de cada rasgo en el capítulo anterior, es fácil ver el núcleo común de los nueve. Sin embargo, cada característica de la tríada oscura—incluido el sadismo—se detallará más adelante, y cómo el núcleo oscuro de la personalidad se desarrolla en cada uno de ellos.

Capítulo tres: Narcisismo

El narcisismo es más prominente en la población de lo que usted podría imaginarse. En general, "narcisista" se refiere a las personas que son odiosas y egocéntricas, pero el término es mucho más que eso. Se diagnostica un trastorno de personalidad narcisista a las personas que tienen un nivel incontrolable de rasgos narcisistas. Sin embargo, este libro no se ocupa del aspecto clínico del narcisismo.

Mucha gente cree que el narcisismo está aumentando rápidamente en todo el mundo, particularmente entre las generaciones más jóvenes, pero la investigación psicológica difiere. Los psicólogos ven el narcisismo en un espectro. Este rasgo oscuro particular se extiende por toda la población, con la mayoría en el medio y unos pocos en cualquiera de los extremos del espectro.

El narcisismo se mide y evalúa más comúnmente usando el Inventario de Personalidad Narcisista, que fue desarrollado en 1979 por dos investigadores Robert Raskin y Calvin S. Hall.

Como se ha señalado anteriormente, el narcisismo es una preocupación excesiva por uno mismo, creyendo que uno es superior a los demás. Los narcisistas tienen una percepción grandiosa de sí mismos, aunque esto suele ser una fachada. Los hombres también son más propensos a ser narcisistas que las mujeres. Es bastante fácil considerar narcisista a alguien que tiene confianza en sí mismo o que ha invertido en su carrera. Sin embargo, este rasgo es mucho más profundo que eso. Mucha gente percibe a los narcisistas como personas demasiado confiadas. Pero en realidad, los narcisistas están lejos de eso. Todo lo que cree saber sobre los narcisistas y su vida es probablemente una cortina de humo que tal vez nunca se descubra por lo bien que cubren los fragmentos de autoestima que amenazan con romper su fachada. A diferencia de lo que tiene en mente, ser un narcisista no significa automáticamente que tenga un exceso de autoestima y seguridad. Los narcisistas tienen una necesidad excesiva de atención, admiración y elogios de los demás, y esta necesidad solo puede provenir de sus bajos niveles de autoestima. También tienen un deseo compulsivo de ser el centro de atención, esperan un trato preferencial—reflejando un estatus aparentemente más alto—y son conocidos por su falta de empatía por las necesidades de los demás.

Hasta cierto punto, está bien tener cierto nivel de narcisismo; sin embargo, cuando el narcisismo se descontrola, daña sus relaciones personales, familiares y profesionales.

Los narcisistas exhiben varias características que pueden ser usadas para identificar su personalidad. Las siguientes son algunas de las más comunes.

Lo primero que hay que buscar en una persona es su excesiva necesidad de admiración. A un compañero narcisista le encanta hablar de sí mismo, y lo único que espera de usted es su atención. Si a su pareja le gusta contar cómo le fue en su día de trabajo sin preguntarle a usted, es más que probable que sea un narcisista. Puede que nunca pida saber cosas sobre usted, e incluso si logra aportar algo sobre usted, siempre se apresura a desviar la atención hacia sí mismo. Este comportamiento puede hacerle sentir molesto, aburrido o incluso agotado, pero estos sentimientos nunca duran. Muchos narcisistas pueden engañar a su audiencia (víctima). Suelen ser encantadores, exitosos, talentosos y hermosos, tanto que estará dispuesto a dejar ir cualquier sentimiento de molestia que tenga sobre su comportamiento. Estará demasiado encantado para preocuparse por lo que le están haciendo. Tenga en cuenta que los narcisistas también son muy buenos en la seducción. Así que, incluso cuando actúen interesados en usted, se desvanecerá con el tiempo. Los narcisistas hacen mucho uso de la adulación, especialmente cuando tratan de atraparle.

No solo los narcisistas buscan desesperadamente atención, sino que también tienen un grandioso sentido de sí mismos. Creen que son especiales. Se jactan de sus logros en un intento de impresionarle. Cuando conoce a uno, puede que no capte instantáneamente el nivel de sus exageraciones a menos que ya esté familiarizado con el narcisismo. Si aún no lo han logrado, pueden fantasear o presumir que merecen más reconocimiento del que reciben. Todo esto nace de su necesidad de constante validación, elogio y reconocimiento de los demás. Dado que la mayoría de los narcisistas tienden a asociarse con personas de alto estatus, pueden hablar de las celebridades que "dicen" conocer. Pueden usar el último diseño de moda, comprar los últimos accesorios de lujo, o comer en los mejores restaurantes. Todo esto puede ser un motivo de preocupación, pero son síntomas de la necesidad del narcisista de mantener una fachada deslumbrante para ocultar el vacío que sienten.

Los narcisistas son comúnmente conocidos por su falta de empatía. Aunque las personas que no son narcisistas también pueden ser conocidas por ello, la falta de empatía es un factor vital y determinante cuando se añade a su sentido de derecho y a la inclinación a explotar a los demás. Preste siempre atención a sus expresiones cuando cuente una historia triste y compruebe cómo perciben y reaccionan a la narración. ¿Están desprovistos de empatía por los relatos de dificultades y son particularmente insensibles a sus necesidades? Dígale a un narcisista que no puede hacer algo que prometió hacer por ellos—por una lesión o la pérdida de un ser querido—y *ellos* encontrarán la manera de conseguir que su decepción le afecte. Algunas de las formas en que un narcisista puede demostrar su aparente falta de empatía en su vida incluyen dar respuestas groseras, dar órdenes, no escuchar cuando habla, ignorar los límites, atender llamadas sin permiso cuando está hablando con ellos, etc. Estos pequeños gestos pueden parecer triviales o insignificantes—ya que en realidad no producen daño—pero dan una idea del tipo de persona con la que está tratando: alguien a quien no le importan sus sentimientos. Si actúan así en asuntos menores, se comportarán peor en los asuntos que importan. Los narcisistas tienen un problema con la vulnerabilidad—ya sea de ellos o suya. También son impotentes emocionalmente. La mayoría de los narcisistas mantendrán su distancia una vez que vean que se está acercando a ellos. Lo hacen porque no quieren que vean a la persona que realmente está detrás de la máscara.

Un sentido psicológico de derecho es otra característica común de los narcisistas. Su sentido del derecho explica por qué creen que el mundo debería girar a su alrededor. No solo se sienten superiores a los demás, sino que también esperan ser tratados de manera especial. Los narcisistas no se adhieren a las reglas, porque creen que estas reglas no se aplican a ellos. Un narcisista nunca se equivoca—si algo está mal, entonces es la excepción de la ley. Una persona narcisista espera que se adapte a sus necesidades, no importa lo inconveniente que sea. Estar en una relación con alguien narcisista es unilateral, donde usted es el dador y ellos son los receptores. Si es codependiente, es más probable que termine en una relación con un narcisista. Los codependientes, en el lenguaje más directo, son personas complacientes, y los narcisistas y otras personalidades oscuras aman a las personas complacientes.

Ahora, si hay algo que es inmediatamente evidente en la mayoría de los narcisistas, especialmente para los profesionales de la psicología, es su disposición a explotar a otros para su beneficio personal. Como una persona normal, esto puede ser difícil de detectar hasta que se conozca mejor a la persona, pero hay muchas maneras de saberlo. Básicamente, los narcisistas se ponen a sí mismos por encima de cualquier otra persona, que es como el factor D se manifiesta en este oscuro rasgo. Sin embargo, es difícil notar esto inmediatamente porque los narcisistas también son buenos para controlar su aspecto y su personalidad pretenciosa. Los individuos narcisistas ven a los demás como objetos para ser usados para servir a sus necesidades y deseos personales. Una vez que comienza a sentirse usado en su relación, significa que su pareja lo está explotando. Sin embargo, la explotación no solo tiene lugar en las relaciones románticas. En el trabajo, un colega narcisista puede tomar todo el crédito por algo en lo que ambos trabajaron. Si usted es mujer, puede sentir que su pareja solo la utiliza para satisfacer sus necesidades sexuales. Esto se hace evidente cuando el único momento en que se preocupan por usted o sus necesidades es cuando la quieren en su cama. Si usted es un hombre, puede sentir que su pareja lo está usando por dinero. Puede ir en ambos sentidos. Los narcisistas son maestros de la manipulación. Ellos lo influenciarán para que haga lo que quieran y lo harán sentir como si fuera algo que realmente quiere hacer. Ya sea una relación personal, familiar o profesional, a los narcisistas no les importan sus necesidades, sentimientos, deseos o la persona.

Debido a que los narcisistas no respetan los límites, les resulta fácil explotar a sus víctimas.

Por lo general, es fácil identificar a un narcisista cuando se sabe a qué atenerse—pero algunos narcisistas son más difíciles de identificar. Estos son *narcisistas encubiertos.* Tienen todos los rasgos mencionados anteriormente, pero no es fácil identificarlos porque no lo hacen tan obvio como el narcisista abierto. En psicología, se puede decir que el comportamiento humano es abierto o encubierto. Las conductas abiertas son aquellas que se pueden observar y captar fácilmente en otros, como los rasgos narcisistas explicados anteriormente. Los comportamientos encubiertos, por otro lado, son sutiles y mucho más difíciles de captar.

Los narcisistas encubiertos quieren admiración y elogios tanto como sus homólogos abiertos. También carecen de empatía. Sin embargo, no parecen actuar como tal. Sin embargo, la verdad es que actúan de acuerdo a ello, usualmente de maneras que la mayoría de la gente no captaría inmediatamente. Probablemente es difícil imaginar un narcisista que sea sutil y encubierto en su acercamiento. Imagine esto: Tiene su canción favorita, y la está reproduciendo al volumen más alto, en vez de reproducir la misma canción a un volumen más bajo. En este ejemplo, la canción es la misma, pero el volumen al que la está tocando es diferente. Este es el caso exacto de los narcisistas abiertos y encubiertos. Es la misma persona, pero con un estilo y enfoque diferente que es más difícil de observar.

La diferencia clave entre los narcisistas abiertos y los encubiertos es que los narcisistas encubiertos suelen ser más introvertidos. Se puede identificar fácilmente a un narcisista abierto en la habitación porque tienden a ser arrogantes, ruidosos y con sed de atención. Estos comportamientos son fácilmente observables por cualquiera en la habitación. A partir de la palabra "encubierto", se puede asumir fácilmente que esto significa que el narcisista es escurridizo, o que su comportamiento es menos exagerado que el de un narcisista abierto. Pero esto está lejos de la verdad; tienen los mismos rasgos que un narcisista abierto. A diferencia de los narcisistas abiertos, que normalmente exagerarían su propia importancia, un narcisista encubierto puede disminuir sus logros para obtener la confianza de la gente que le rodea. Utilizan tácticas más pasivas para conseguir la atención y la admiración de los demás. En lugar de alimentar su necesidad de autoimportancia, los narcisistas encubiertos van por ahí buscando consuelo sobre sus habilidades, talentos y logros.

A los narcisistas también les gusta avergonzar y culpar a los demás por mantener ese sentido de ser mejores que los demás. El narcisista abierto hace esto siendo descaradamente grosero, menospreciando a los demás, criticando maliciosamente y actuando sarcásticamente. Por otro lado, el narcisista encubierto hace esto menos obvio. En lugar de actuar en voz alta para que todos lo vean, puede acercarse gentilmente a usted para explicarle por qué la culpa es suya y no de ellos. Se hacen pasar por víctimas y hacen parecer que *su* comportamiento les ha hecho mucho daño. De hecho, pueden incluso ir un paso más allá abusando emocionalmente de usted para que pueda tranquilizarlos y elogiarlos y pedirles perdón. El objetivo final de esa interacción "suave" es hacerle sentir pequeño en comparación con ellos.

Aunque los narcisistas encubiertos no son necesariamente escurridizos, seguro que les encanta mezclarse cuando interactúan con otros. En lugar de culpar y avergonzar en algunos casos, recurren a hacer que se replantee su creencia en un evento y se cuestione a sí mismo. Esta es solo otra forma de crear una ventaja entre ellos y otra persona. El punto de usar tácticas como esta es estar en la cima de la pirámide de poder en sus relaciones. Una vez que pueden hacer que se replantee y se cuestione a sí mismo, tienen la libertad de manipular y explotar aún más. Debido a su necesidad de sentirse más importantes que los demás, los narcisistas encubiertos harán cualquier cosa para mantener el foco de atención en ellos mismos. Así que, en una situación en la que un narcisista abierto le desestime o manipule para conseguir su objetivo, un narcisista encubierto le ignorará descaradamente. Los narcisistas encubiertos son grandes maestros en no reconocer a una persona cuando lo deciden. Por eso los narcisistas tienden a gravitar hacia los individuos cariñosos y compasivos, como codependientes, empáticos, etc. Reconocen que personas como estas son más fáciles de manipular y explotar. Sin embargo, el narcisista encubierto lo hace de una manera menos obvia. En lugar de decirle directamente que usted no tiene valor para ellos—como lo haría un narcisista abierto—ellos podrían dejar sus mensajes como "no leídos" o esperar hasta el último minuto antes de responder. También pueden plantarle en una cita, llegar tarde a un evento al que les invite, o no confirmar nunca los planes que hagan juntos. No tienen en cuenta su tiempo o sus intereses. Todas estas son las tácticas que usan para hacerle sentir descuidado, sin importancia e irrelevante.

Es bastante fácil entrar en una relación con un narcisista—ya sea abierto o encubierto—por ejemplo, si sus padres son narcisistas. Cuando es criado por un padre narcisista, se tiende a dejar que los narcisistas se sientan familiares sin darse cuenta. Además, una vez que se establece una relación con un narcisista, no es tan fácil salir de ella. Estar en una relación con un narcisista puede ser bastante angustiante. La relación no solo será emocionalmente agotadora y aterradora, sino que también puede ser agotadora económicamente, dependiendo de lo que el narcisista quiera de usted. En la búsqueda de aumentar su autoestima, puede terminar dejando que dañe su percepción de sí mismo. Dejar que un narcisista sepa cómo se siente acerca de sus acciones y comportamientos es en su mayoría inútil también.

La mejor manera de navegar en una relación—personal o profesional—con un narcisista es establecer límites saludables que no puedan cruzar a menos que usted lo permita. También ayuda distanciarse emocionalmente de ellos. Entienda que puede que no controle lo que siente por su pareja narcisista, pero sí tiene control sobre cómo responde ante ello. Con el tiempo, cortar completamente los lazos puede ser la mejor manera de manejar su relación con un padre, pareja, jefe o miembro de la familia narcisista. A menos que el narcisista acepte que hay un problema y esté dispuesto a tomar medidas para resolverlo, cortar los lazos es la mejor manera de manejar su relación con ellos. De lo contrario, pueden dejarle emocionalmente perturbado con la autoestima destrozada.

Para evitar enredarse con un narcisista, reflexione sobre los rasgos que se han discutido hasta ahora, y encuentre maneras de evitar meterse en escenarios similares.

Capítulo cuatro: Psicopatía

El término "Psicopatía" fue acuñado a partir de dos palabras griegas, *psykhe* y *pathos*. Juntas, estas dos palabras significan "mente enferma" o "alma que sufre". Considerando que el término fue acuñado a finales de 1800, se puede ver que la humanidad ha reconocido desde hace tiempo la perversidad de la psicopatía. Sin embargo, la psicopatía es a menudo romantizada en los medios de comunicación. Los medios de comunicación tienden a presentarla como una condición que aflige a los encantadores y guapos asesinos en serie a sangre fría y a sus semejantes. Pero un individuo no tiene que ser un asesino en serie para ser psicópata. A finales del siglo XIX, la psicopatía se consideraba una forma de locura moral. Sin embargo, esta percepción comenzó a cambiar alrededor del siglo XX cuando Hervey Cleckley, un psiquiatra, publicó su libro, *La máscara de la locura*, que detallaba los rasgos y características de los psicópatas. Estos eran los psicópatas que estaban tratándose en el Hospital Universitario de Georgia. Cleckley se refirió a los psicópatas como los "hombres olvidados por la psiquiatría".

En su libro, Cleckley argumentaba que muchos de los psicópatas eran criminales violentos. Sin embargo, solo se les mantenía en prisión por un tiempo o se les daba de alta en los hospitales porque se les diagnosticaba que estaban cuerdos. Él creía que esto se debía a que podían mostrar "una perfecta máscara de auténtica cordura". Lo que significa que Cleckley reconoció la capacidad de los psicópatas para lograr la normalidad. Podría estar en una relación con un psicópata sin darse cuenta. No habría signos aparentes porque ni siquiera se sabe que hay algo malo en la persona con la que se está. Desafortunadamente, las llamadas de auxilio en el libro de Cleckley fueron generalmente ignoradas por la comunidad médica. En los años 60, la comunidad médica, a través del Manual de Diagnóstico y Estadística (DSM), había sustituido la psicopatía por el "trastorno de personalidad antisocial". Pero se observó que el DSM no incluye algunos de los rasgos distintivos del trastorno psicopático, como la insensibilidad y la ausencia de empatía. Aunque esta clasificación del DSM sigue siendo muy aceptada hoy en día, es crucial señalar que aunque los psicópatas son generalmente antisociales, no todos los que tienen ASPD son psicópatas.

Como rasgo de personalidad oscura, la psicopatía se caracteriza por una escalofriante falta de empatía e insensibilidad hacia otros estados anímicos y emocionales. La capacidad de desprenderse de las experiencias de otras personas, junto con la falta de empatía, es la principal razón por la que los psicópatas pueden manipular eficazmente a las personas para que hagan lo que quieren. Sin embargo, por muy manipuladores que sean los psicópatas, es increíblemente difícil detectar a una persona psicópata. Al igual que los narcisistas, los psicópatas pueden ser muy encantadores. Parecen normales. Sin embargo, bajo esa fachada está la ausencia de algo remotamente relacionado con la conciencia. Los psicópatas son antisociales, por lo que la psicopatía suele ser malinterpretada como un trastorno de personalidad antisocial (ASPD)— también conocido como sociopatía. Debido a su naturaleza antisocial, los psicópatas casi siempre gravitan hacia actos criminales.

Puede ser increíblemente difícil tratar la psicopatía en los adultos, pero existen algunos tratamientos para manejar las conductas psicopáticas en los jóvenes. Una vez que la psicopatía madura hasta la etapa adulta, los individuos se vuelven resistentes a cualquier forma de tratamiento psicológico. Los psicópatas pueden cometer los actos más atroces mientras mantienen una conducta encantadora que es difícil de imaginar. Varios factores, como la genética, la anatomía del cerebro y el medio ambiente, pueden contribuir al desarrollo de la psicopatía en un individuo. Sin embargo, los investigadores no están del todo seguros de la causa específica de este oscuro rasgo. Al igual que los otros dos rasgos de la tríada oscura, la psicopatía se presenta en un espectro. Esto significa que existe de leve a extrema. Los psicólogos diagnostican la psicopatía usando la Lista de Control de Psicopatía Hare, que evalúa rasgos como la ausencia de empatía, la impulsividad y la mentira patológica, todos los cuales se miden en una escala de tres puntos. Cada rasgo se comprueba en función de si no se aplica, se aplica en un grado específico o se aplica plenamente a un individuo.

La lista de verificación que se utiliza para evaluar si una persona es un psicópata incluye:

- Encanto superficial
- Mentira patológica
- Comportamiento manipulador
- Un exagerado sentido de autoestima
- Inclinación al aburrimiento
- Una necesidad constante de estimulación
- Falta de culpa, remordimiento
- Reducción del afecto (es decir, respuestas emocionales)
- Falta de empatía
- Insensibilidad
- Impulsividad e irresponsabilidad
- Comportamientos parasitarios
- Falta de controles de comportamiento
- Comportamiento amenazador
- Una tendencia a evitar la responsabilidad por los actos individuales

- Problemas de comportamiento
- Relaciones a corto plazo
- Delincuencia juvenil
- Versatilidad criminal

Estos son todos los rasgos que los psicólogos comprueban cuando evalúan a una persona por el trastorno psicopático. Para determinar si se trata de un psicópata, también se puede recurrir a ellos.

Se reconoce que las personas con trastorno de personalidad antisocial tienen una combinación de rasgos que varían en gravedad y naturaleza. Por lo tanto, es algo complicado describirlos con una terminología específica. Muchas personas utilizan indistintamente los términos "psicópata" y "sociópata" aparentemente porque las personas con ambas condiciones tienden descaradamente a hacer caso omiso de las normas y reglamentos. La diferencia, sin embargo, es que esas tendencias antisociales suelen estar causadas por una mezcla de factores sociales y ambientales. En cambio, la psicopatía se considera un rasgo innato. Parece provenir del interior. No obstante, diferentes factores genéticos y no genéticos desempeñan un papel en el desarrollo de los rasgos antisociales, algunos de los cuales están presentes en la mayoría de los psicópatas. Por lo tanto, aunque el trastorno de personalidad antisocial se superpone al trastorno psicopático, son dos condiciones diferentes.

Hay psicópatas tanto masculinos como femeninos. La psicopatía no es exclusiva del género; sin embargo, el rasgo es más frecuente en los hombres que en las mujeres. Además, los psicópatas femeninos tienden a ser distintos. Por ejemplo, los estudios sugieren que las mujeres psicópatas son menos propensas a la violencia física que los hombres. Además, tienden a experimentar más ansiedad y a tener una peor autopercepción.

Debido a los medios de comunicación, muchas personas asocian subconscientemente la psicopatía con comportamientos violentos y criminales. Una vez que se escucha la palabra "psicópata", es muy probable que el cerebro conjure la imagen de un notorio asesino en serie, como Ted Bundy. Pero el hecho es que la psicopatía es mucho más complicada que ser un asesino en serie o un criminal violento. Los investigadores han encontrado una conexión estadística entre los resultados de la psicopatía y la violencia, así como otros comportamientos criminales. La tendencia a desplazar la culpa, la irresponsabilidad, la impulsividad y otras características antisociales sugieren que los psicópatas son más propensos a exceder los límites morales y a hacer cosas moralmente inconcebibles, como amenazar, herir o incluso matar a otra persona. Sin embargo, la conexión entre la psicopatía y la violencia no es lineal. No todos los psicópatas son criminales o asesinos, aunque gravitan hacia la violencia más que una persona normal. Nótese que otros rasgos patológicos pueden contribuir a comportamientos agresivos o violentos aparte de la psicopatía. Un ejemplo es el sadismo, que pronto será detallado.

Gracias a las representaciones mediáticas de los psicópatas como asesinos insaciables que no se detienen hasta que son atrapados, la mayoría de la gente no cree que pueda estar cerca de un psicópata sin darse cuenta. "No parece que pueda herir a un ser humano del todo, así que no puede ser un psicópata". Bueno, como puede ver, los medios de comunicación están equivocados. Una persona no tiene que asesinar para ser un psicópata; de hecho, probablemente hay menos asesinos psicópatas de los que conoces. Lo malo de la representación de los psicópatas por los medios es que los hace mucho más difícil de distinguir en una multitud. A menos que los atrape usando una gabardina negra y caminando por un callejón de noche con una mirada loca, probablemente no creerá que alguien que conoce sea un posible psicópata.

Las investigaciones muestran que solo el uno por ciento de la población tiene los rasgos necesarios para ser diagnosticado como psicópata. En retrospectiva, esto puede parecer una estadística trivial, pero cuando lo mira con claridad, la realidad aparece: uno de cada 100 individuos es un psicópata. Y si conoce a mucha gente, eso significa que su vecino, amigo, compañero de trabajo, jefe, o su influencer favorito de las redes sociales podría ser un psicópata. Tal vez la persona que se sienta a su lado en el trabajo o en el autobús es un psicópata. Para empeorar las cosas, este porcentaje se duplica o incluso se cuadruplica si se trata de alguien en una posición de alto poder. Las posibilidades de que un psicópata esté al acecho esperando para aprovecharse de usted son enormes. Así que, con este número de psicópatas posiblemente acechando, ¿cómo puede identificar a uno? Cuanto más acostumbrado se esté a los rasgos psicopáticos, menos probable es que caiga víctima de sus encantos superficiales.

El primer rasgo que hay que tener en cuenta es la manipulación. Los psicópatas son increíblemente manipuladores. Piense en los psicópatas que ha visto en los programas de televisión o leído en los libros— ¿Cuál es la descripción común de ellos? El comportamiento manipulador es una de las descripciones comunes. Mientras que una persona promedio puede preguntarse cómo tales figuras malévolas pueden persuadir a alguien, la realidad es que los psicópatas son extraordinariamente buenos en la manipulación. Aunque Ted Bundy era un individuo atroz, tenía una novia que le creía el hombre más dulce y encantador que jamás haya existido. Y cuando esta novia se dio cuenta de quién era, tuvo otra que creyó en su inocencia hasta el final. De hecho, ella incluso quedó embarazada de él mientras estaba en el corredor de la muerte. ¿Por qué una mujer o persona generalmente creería en un asesino en serie incluso con la avalancha de pruebas para demostrar que hizo lo que se le acusó de hacer? Manipulación y lavado de cerebro. Esto muestra lo manipuladores que pueden ser los psicópatas.

Los psicópatas son maestros en la lectura de la gente. Saben cómo clasificarlos para buscar una apertura, una debilidad a explotar. Incluso si es la primera vez que se encuentran con ellos, siempre están dispuestos a explotar cualquier signo de vulnerabilidad que les muestran. Curiosamente, no todo el mundo puede leer rápidamente a los demás casi con exactitud, pero la mayoría, si no todos, los psicópatas lo hacen. Como resultado de esta habilidad, encuentran fácil capitalizar el buen corazón de otra persona. Si está saliendo con un psicópata, no se sorprenda al descubrir que saben cosas sobre usted que ni siquiera les ha dicho. A los psicópatas les encanta reunir todo tipo de información sobre las personas, solo para usarla para manipularlos o explotarlos en el futuro. Si conoce a alguien que siempre lo presiona para que le cuente cosas personales sobre usted, mientras ofrece muy poco sobre sí mismo, esta persona puede ser un psicópata.

No hay nadie más encantador que un psicópata, ni siquiera un narcisista. Son encantadores hasta la médula, pero nunca se reconoce ese defecto. Aunque esto no implica que cada persona encantadora que conozca sea un psicópata, el punto es que cada psicópata que conozca lo arrastrará con sus encantos en el primer encuentro. Sin embargo, por debajo del encanto, no sienten nada por usted. Por eso los encantos superficiales son uno de los rasgos distintivos de un psicópata.

Como ellos pueden leerlo fácilmente y acceder a la información que normalmente no compartiría con la gente, los psicópatas lo lastimarán sin que usted se dé cuenta de que podrían o lo harían. Conociendo sus debilidades y vulnerabilidades, tienen suficiente munición para usar en su contra cuando sientan que usted ya no vale para ellos. A menudo, una persona expresará su incredulidad y consternación cuando se entere de que alguien en quien confiaba y amaba de todo corazón tiene una personalidad psicópata. Esto se debe a que normalmente nunca lo ven venir. Los psicópatas son más difíciles de detectar que los narcisistas.

Como tienen como objetivo usarlo, los psicópatas siempre les dicen a sus víctimas lo que quieren oír. Cuando se ha estado en una relación cercana con un psicópata por un tiempo, y eventualmente se descubre quien es realmente, encontrará que lo han estado usando todo el tiempo. En las interacciones y relaciones íntimas, los psicópatas han perfeccionado el arte de decirle a su pareja exactamente lo que quieren oír. A menudo dejan a sus parejas desprevenidas preguntándose: "¿Cómo es que siempre parece saber lo que quiero?". Como son increíblemente encantadores, es poco probable que conozca sus verdaderas intenciones. Muchos familiares y seres queridos de criminales psicópatas a menudo afirman que nunca notaron ningún signo de maldad o crueldad—por difícil que parezca creerlo.

Los humanos nacen con una conciencia, pero no los psicópatas. O tal vez simplemente pierden su conciencia cuando maduran y se convierten en adultos. Aún así, se sabe que los psicópatas no tienen moralidad. Solo pueden sentir emociones como la culpa, el remordimiento, la vergüenza o la empatía cuando su conciencia está intacta. Como resultado, los psicópatas pueden fácilmente cometer actos desmedidos. En su cabeza, un psicópata desarrolla diferentes escenarios y tramas en las que comete sus actos atroces con un fervor que usted—como ser humano normal—no puede ni siquiera empezar a comprender o relacionarse con ello. Dicho esto, los psicópatas no son emocionalmente insensibles a lo que les hacen a otras personas debido a su falta de conciencia.

Para saber si alguien que usted conoce es un psicópata en potencia, preste atención al tono de su voz. ¿Alguna vez ha sido capaz de irritarlos hasta el punto de que levanten la voz? Probablemente no. La mayoría de los psicópatas hablan monótonamente, tanto que no puede detectar la emoción que sienten cuando hablan. En la expresión verbal, hay un aumento y una disminución de la inflexión del tono cuando la mayoría de la gente habla. Esto es un signo de la presencia de emociones. Explica cómo las voces pueden sonar de manera diferente, dependiendo de las emociones que alguien siente en un momento determinado. Los psicópatas no pueden sentir emociones reales, así que esta subida y bajada del tono de inflexión rara vez se manifiesta. Es fácil pensar que alguien que nunca ha perdido la calma ha dominado el arte de controlar sus emociones— cuando, en realidad, probablemente tenga tendencias psicopáticas.

En psicología, la empatía se asocia con la positividad. Sin embargo, la psicopatía es un rasgo oscuro; por lo tanto, los psicópatas no pueden sentir empatía. La falta de empatía es uno de los rasgos prominentes que pueden utilizarse para identificar a un psicópata. Los psicópatas ni siquiera pueden sentir su propio dolor, y mucho menos el de otra persona. Están entumecidos y no les importa. El desapego emocional, la ansiedad mínima y la psicopatología narcisista extrema son algunas de las características que muestran los psicópatas, como las identificó J. Reid Maloy en la publicación: *La Marca de Caín: Perspectiva psicoanalítica de los psicópatas.* Sin embargo, los psicópatas responden a emociones como la ira y el miedo porque son sentimientos que pueden explotar fácilmente sin sentirse mal. En lugar de sentirse mal, obtienen cierto placer al explotar estas "débiles" emociones. Curiosamente, los psicópatas son resistentes a los sentimientos de miedo—no es que sean incapaces de experimentar miedo, pero les resulta difícil detectar y responder al miedo de la forma en que lo harían los humanos normales.

Otros rasgos a los que hay que prestar atención son:

- Un sentimiento de arrogancia, superioridad y derecho.
- Un flagrante desprecio por las reglas y el orden.
- Historial de trabajo inconsistente.
- Una serie de rupturas matrimoniales.
- Dominio del arte de la mentira y el engaño.

Estos son algunos de los rasgos que se pueden observar en una persona para saber si es psicópata. Si alguien en su vida parece exhibir una combinación de estos rasgos, incluso de la manera más pequeña posible, es mejor empezar a tomar medidas para separarse de ellos. Por mucho que a muchas personas les gustaría creer lo contrario, no se puede manejar a un psicópata o hacer que cambie. Sin embargo, tenga en cuenta que el hecho de mostrar uno o dos de los rasgos mencionados anteriormente no convierte automáticamente a una persona en un psicópata.

Capítulo cinco: Maquiavelismo

Los maquiavélicos son los maestros supremos de la manipulación. Lo que pasa con los maquiavélicos es que ni siquiera tienen que aprender a manipular; simplemente les sale de forma natural. De hecho, algunos de ellos probablemente ni siquiera quieran ser manipuladores. Los que son naturalmente manipuladores son los High Machs. Como tipo de personalidad, el maquiavelismo consiste en que la persona se centra en sus intereses personales, tanto que mentirá, engañará, manipulará y explotará a los demás para lograr un objetivo. El término "Maquiavelismo" se deriva del nombre de Nicolás Maquiavelo, un filósofo conocido por el título, *El Príncipe*. En su libro, Maquiavelo expuso sus puntos de vista sobre cómo los gobernantes deben adoptar un enfoque de liderazgo estricto y duro. Creía que mientras la gloria y la supervivencia fueran el objetivo final, cualquier medio debería aplicarse para gobernar, independientemente de si los medios son inmorales, brutales e inhumanos. Según Maquiavelo, virtudes como la honestidad, la lealtad, etc., son prescindibles si actos viciosos como el engaño le ayudan a alcanzar sus objetivos. En pocas palabras, creía que los líderes debían adoptar un estilo maquiavélico de gobernar, aunque no fuera algo que se inclinaran a utilizar de forma natural.

El maquiavelismo se convirtió en un término muy popular a finales del siglo XVI y se usaba principalmente para describir el acto de usar el engaño para salir adelante en la vida. No fue hasta la década de 1970 que se reconoció como un término psicológico. Los psicólogos sociales Richard Christie y Florence L. Geis desarrollaron lo que se conoció como la "Escala de Maquiavelismo" o "Prueba Mach-IV". Este es un inventario de personalidad usado para evaluar el maquiavelismo en las personas. Aunque las investigaciones muestran que el maquiavelismo se encuentra más comúnmente en los hombres, cualquiera puede ser maquiavélico, incluyendo los niños.

Aunque algunas personas leen *El Príncipe* y otros libros sobre maquiavelismo para aprender el arte del engaño, los verdaderos maquiavélicos tienen un don natural para el engaño y la duplicidad. Se sienten intuitivamente inclinados a ser conspiradores, calculadores y engañosos. Básicamente, lo usarán como un peldaño para lograr sus objetivos si usted parece ser de utilidad. Los maquiavélicos son esencialmente amorales. Generalmente tienen la mentalidad de que la gente que se deja usar se lo merece. En otras palabras, si usted es engañado por un estafador, es porque es estúpido, y se lo merece—el estafador no tiene la culpa.

Los humanos están predispuestos innatamente a ser engañados, dependiendo de las necesidades o situación en la que se encuentren. Si alguna vez ha mentido acerca de estar enfermo solo para evitar ir a trabajar o saltarse intencionadamente algunos detalles mientras le cuenta a su pareja cómo se encontró con un ex recientemente, significa que tiene la capacidad humana natural de engañar o estafar a otros para satisfacer sus propios intereses. Episodios como este raramente reflejan el patrón de comportamiento estándar de muchas personas, y la mayoría se sienten culpables cuando mienten o se aprovechan de otros. Sin embargo, para los maquiavélicos, este es un comportamiento normal. De hecho, no se comportan de otra manera. Es una rutina, y se apegan a ella fervientemente. Incluso si usted atrapa a un maquiavélico mintiendo acerca de algo, prefieren desenvolverse antes que admitir que han mentido.

¿Cómo se manifiesta el factor D en los maquiavélicos? Es muy sencillo— pisarían a cualquiera para conseguir sus objetivos. Se sabe que se centran solo en sus intereses. Los maquiavélicos se priorizan a sí mismos por encima de cualquier otra persona; por lo tanto, pueden causarle daño si eso significa que satisfarán sus necesidades o alcanzarán una meta. Como los narcisistas y los psicópatas, los maquiavélicos son encantadores y confiados. Ganarse a la gente es como leer el ABC. Pueden ganarse su confianza con halagos, y ni siquiera se darán cuenta de que les están mintiendo o manipulando. Los maquiavélicos carecen de moral, principios y valores. Aunque no carecen completamente de empatía—como los psicópatas— ciertamente tienen niveles de empatía disminuidos, por lo que pueden engañar a los demás sin sentir remordimiento.

La escala del maquiavelismo se mide en una escala de hasta 100. Si una persona obtiene una puntuación superior a 60 en el test, se le considera High Machs, mientras que a las personas que obtienen una puntuación inferior a 60 se les llama Low Machs. Los High Machs se centran en el interés propio y el bienestar personal más que nada. Creen que es necesario dominar el arte del engaño si se quiere salir adelante en la vida. Los High Machs no creen que las personas puedan ser buenas por naturaleza, por lo que son muy escépticos de la bondad humana. También creen que confiar en la gente es ingenuo. Debido a que priorizan el poder y el éxito por encima de cualquier otra cosa, incluyendo el amor y las relaciones, no se preocupan por la amabilidad o la bondad. Los Low Machs, por otro lado, son más empáticos que los High Machs. Ellos muestran niveles más altos de empatía y son confiados y honestos—hasta cierto punto. También creen que los humanos son inherentemente buenos y que apegarse a la buena moral puede ayudar a salir adelante en la vida. Sin embargo, si caen demasiado bajo en la Escala Maquiavélica, se convierten en demasiado sumisos y agradables.

Aunque el maquiavelismo es un rasgo separado de los otros dos rasgos de la tríada oscura, una persona puede a veces tener una combinación de los tres rasgos fatales. Si un individuo tiene los tres rasgos oscuros, pueden ser potencialmente peligrosos para las personas que lo rodean. Sin embargo, a pesar de la evidente conexión entre los rasgos de la tríada oscura y la prominencia de un rasgo que se da con los otros dos en muchas personas, tiene que haber pruebas concretas que demuestren una correlación entre los tres rasgos. Las personas con Trastorno de Personalidad Narcisista (NPD) y Trastorno de Personalidad Antisocial (ASPD) tienden a tener ciertos rasgos maquiavélicos. La investigación también encontró que los maquiavélicos tienden a tener altos niveles de depresión, lo que los hace propensos a los trastornos depresivos.

¿Cómo se identifica a un maquiavélico? En primer lugar, tienen una percepción fría y calculadora de usted— incluso si no la muestran. Los maquiavélicos son altamente estratégicos; mentirán, engañarán y manipularán si es necesario para obtener lo que quieren de usted. Debido a su habilidad inherente para separarse emocionalmente, hay muy poco que impida a un maquiavélico aprovecharse de usted o incluso hacerle daño para obtener lo que necesita. Esta es una de las razones por las que los puntos de vista maquiavélicos son considerados problemáticos y repugnantes. Si conoce a alguien que apoya la filosofía política de Nicolás Maquiavelo, está mejor sin ellos en su vida. Al igual que los psicópatas, los maquiavélicos siempre pondrán sus necesidades personales y de progreso antes que cualquier otra persona.

En psicología, la empatía se considera desde dos puntos de vista: cognitivo y emocional. La empatía cognitiva se denomina "fría", y la empatía emocional es "caliente". En concreto, la empatía cognitiva o fría es la comprensión de cómo alguien puede estar pensando, la forma en que es probable que actúe en una situación y cómo es probable que interprete ciertos eventos. Por ejemplo, un director de equipo puede utilizar la empatía cognitiva para comprender la serie de acciones que pueden desencadenarse cuando proporciona a su equipo una retroalimentación negativa sobre un programa: algunas de ellas podrían implicar desacuerdo, actitud defensiva y, eventualmente, aceptación de la retroalimentación. En el mismo caso, el gerente puede utilizar la empatía emocional para repercutir en su equipo. Puede pensar: "Mi equipo se sentirá muy decepcionado cuando les dé esta retroalimentación, así que tengo que ser lo más constructivo posible". En este último caso, la empatía emocional ayudará al gerente a moldear su uso de las palabras en la retroalimentación para disminuir el impacto en su equipo. Esto es para evitar herir emocionalmente a su equipo.

En comparación, un gerente maquiavélico puede sentir empatía cognitiva con su equipo, pero le resulta imposible sentir empatía emocional. En pocas palabras, saben lo que el equipo pensará cuando les den la información, pero no pueden resonar con la forma en que reaccionarían emocionalmente a la noticia. Como resultado, serán incapaces de dar el mensaje de la manera más constructiva posible, por lo que se mostrarán duros e insensibles— sin darse cuenta del daño emocional causado al equipo. Ahora, aquí está lo interesante: los maquiavélicos necesitan empatía cognitiva para explotar a los demás. Los engaños y la manipulación requieren que entiendas el proceso cognitivo de su víctima. Los maquiavélicos saben la reacción que se espera cuando dicen una cosa en particular, y qué esperar si dicen otra cosa. Esa capacidad de empatizar cognitivamente con usted es lo que usan a su favor cuando mienten, engañan y explotan su bondad, sus debilidades y su vulnerabilidad.

Aún más interesante, la investigación ha demostrado que algunos High Machs pueden empatizar emocionalmente con otros; sin embargo, simplemente no les importa cómo sus acciones lo lastiman. Específicamente, los investigadores descubrieron que algunos maquiavélicos pueden "evitar la empatía". Es decir, tienen la plena capacidad humana de entender los pensamientos y sentimientos que pueden surgir como resultado de ser engañados, manipulados o embaucados, pero siguen adelante con su intención maliciosa. Esta aparente falta de conciencia moral ha sido considerada una ventaja evolutiva por muchos investigadores de la psicología. Esto implica que los maquiavélicos tienen la ventaja de perseguir sus objetivos con desvergüenza sin ser frenados por consideraciones morales. Si un maquiavélico pone sus ojos en algo, lo consigue pase lo que pase. Sin embargo, hay una creciente pregunta en la comunidad científica sobre la posibilidad de que los maquiavélicos formen relaciones duraderas y mutuamente satisfactorias con otras personas si ni siquiera pueden sintonizar con los demás emocionalmente, o cuidar de sus pensamientos y sentimientos.

Los maquiavélicos tienen una limitada teoría de la mente—para entender por qué la gente piensa de forma individual y única. Aunque similar, la teoría de la mente es diferente de la empatía cognitiva, porque cubre un rango más amplio desde las metas hasta las aspiraciones, deseos e información en la cabeza de una persona. Mientras que la empatía cognitiva se refiere a los cambios en el pensamiento y los sentimientos de un momento a otro. Para manipular a los demás, los maquiavélicos necesitan tener una comprensión significativa del impulso detrás de las acciones y comportamientos de sus víctimas. Sin embargo, la investigación muestra que el maquiavelismo se vincula negativamente con la teoría de la mente y las habilidades de cooperación social. Esto sugiere que, aunque parezcan serlo, los maquiavélicos pueden no ser tan buenos en la comprensión y la manipulación de los demás como creen. Por lo tanto, mientras que el maquiavelismo comprende un conjunto de creencias y valores sobre el engaño a los demás para obtener lo que quieren, no hay garantía para los maquiavélicos de que su engaño y manipulación tengan éxito.

Los psicólogos creen que el comportamiento es impulsado por dos sistemas neurológicos individuales que están separados el uno del otro: el sistema de activación del comportamiento y el sistema de inhibición del comportamiento. Esto se basa en la teoría de la sensibilidad de refuerzo de Grey. El sistema de activación del comportamiento está vinculado con tendencias como el comportamiento social, la extraversión y la toma de acciones. En comparación, el sistema de inhibición del comportamiento está conectado con tendencias como el comportamiento retraído, la introversión y el pensar en lugar de actuar. Esto significa que el sistema de activación del comportamiento se trata de un enfoque, mientras que el sistema de inhibición del comportamiento se trata de la evasión. Según las últimas investigaciones sobre la tríada oscura, la psicopatía y el narcisismo están relacionados con mayores niveles de actividad en el sistema de activación del comportamiento.

En comparación, el maquiavelismo está relacionado con mayores niveles de actividad en el sistema de inhibición del comportamiento. Por lo tanto, los narcisistas y los psicópatas son más propensos a actuar y socializar con otros, por lo que se involucran más en los comportamientos de acercamiento. Los maquiavélicos, por otro lado, son más propensos a evitar la socialización con otros. Dependen más de sus pensamientos e intuición, por lo que se involucran más con conductas de evasión y retraimiento. Esto se correlaciona con la descripción de los maquiavélicos como fríos y calculadores manipuladores que siempre están buscando maneras de tramar y explotar a los demás, en lugar de violar proactivamente su humanidad como lo harían los psicópatas.

El maquiavelismo está vinculado con la alexitimia, que es la incapacidad de reconocer, etiquetar y comprender adecuadamente las propias emociones. Los alexitimistas tienden a ser fríos, distantes y desapegados de sus experiencias emocionales. En los maquiavélicos, la alexitimia puede ser el resultado de una incapacidad para comprender las emociones, debido a la experiencia superficial de las emociones o a una disminución de la teoría de la mente y de la capacidad de empatía. Independientemente de la causa, los estudios muestran que los maquiavélicos son muy cognitivos—más que emocionales— en la forma de acercarse a los demás y a sí mismos. También están normalmente fuera de sintonía con sus estados emocionales. Así que, si un maquiavélico se sintiera culpable por estafar a una mujer inocente, no se daría cuenta.

La conclusión es que el maquiavelismo implica tener una fría y calculadora percepción del mundo y su gente. Esta percepción hace más fácil aprovecharse de otras personas porque cree que se lo harán a usted primero si tienen la oportunidad. Tanto cognitiva como emocionalmente, los maquiavélicos no pueden relacionarse adecuadamente con los demás.

Como se evidencia en los tres rasgos oscuros, una cosa que prevalece es la inclinación a anteponerse a todo. Se trata de interés propio—de ponerse en primer lugar para conseguir lo que se quiere, independientemente de cómo afecte a los demás. Sin embargo, el narcisismo, la psicopatía y el maquiavelismo tienen un objetivo o enfoque diferente.

En el caso del narcisismo, el enfoque es que es superior a cualquier otra persona, y merece ser admirado y tratado mejor que los demás. Los narcisistas creen que deben ser tratados de manera diferente al resto del mundo.

El maquiavelismo se trata sobre todo de manipular y engañar a otros para el progreso personal. Ni más ni menos. En cierto modo, los maquiavélicos también creen que son mejores que los demás, pero no en el mismo sentido que los narcisistas.

La psicopatía se trata completamente de la falta de empatía, remordimiento o culpa, lo que significa que los psicópatas pueden hacer cualquier cosa a cualquiera sin sentirse ni remotamente mal por sus acciones.

Capítulo seis: Sadismo

Por lo general, un ser humano trataría de evitar que otros sientan dolor o sufran. Incluso cuando hacemos algo para herir a otra persona, sentimos culpa u otro sentimiento de angustia. Pero hay algunas personas para las que la crueldad es placentera. Lastimar a otras personas les da una sensación de excitación y placer que ninguna otra cosa puede ofrecer, y según nuevas investigaciones, gente como esta es bastante común. A estas personas se les llama sádicos, y su rasgo de personalidad es el sadismo. Por lo tanto, algunos miembros de la comunidad científica creen que el sadismo debe ser incluido en la tríada oscura—y por buenas razones.

Como mucha gente, usted podría haber estado expuesto a su primera imagen del sadismo en las novelas y películas de *Cincuenta Sombras de Grey*. La serie trajo una representación de cómo se ve el sadismo en el dormitorio. Sin embargo, no logró que la gente entendiera que el sadismo puede ser mucho peor. Como resultado de la saga, mucha gente tiene ahora una visión deformada y romántica del narcisismo. De repente, todo el mundo quiere un tipo de "Christian Grey" Sin embargo, lo que la gente no sabe es que el sadismo puede ser mucho más penetrante y mundano que su representación en la trilogía de *Cincuenta Sombras de Grey.*

En lo profundo de la mente de muchas personas hay un tipo diferente de sadismo—uno que no se preocupa por el amor ni nada parecido. Las personas con rasgos de la tríada oscura son individuos insensibles que ven a otras personas como herramientas a explotar para su ventaja. Disfrutar del sufrimiento de los demás es el rasgo distintivo del sadismo y se considera un aspecto constante de la estructura de los rasgos de la tríada oscura.

Pero los psicólogos de la personalidad están empezando a creer que la inclinación a la crueldad es independiente en la comprensión de por qué un individuo quiere hacer daño a otra persona. En pocas palabras, se mantiene por sí mismo. Sin embargo, en lugar de ser exhibido en formas que tendrían consecuencias negativas, como la humillación o incluso la muerte, el sadismo cotidiano se expresa de manera benigna y sutil. Esto significa que incluso si viviera con un sádico, no se daría cuenta. También puede ser que se esté expresando en la forma benigna del sadismo sin saberlo. No necesariamente debe herir a alguien a su alrededor. Puede ser que obtiene una cierta emoción cuando golpea a sus oponentes en *Mortal Kombat* o cualquier otro videojuego. Cuando está con amigos, puede que los presione para que se metan en una pelea violenta que involucre romper botellas y lastimarse mutuamente de manera muy grave. Su género favorito puede ser el de los thrillers de acción que implican batallas en las que se pierden muchas vidas. Quizás su escena favorita en la serie *Merlin* es cuando los caballeros tienen que luchar hasta la muerte. Tal vez aún revive las escenas en su cabeza. Lo común en todos estos escenarios es que está obteniendo placer de las experiencias regulares en las que la crueldad se experimenta indirectamente.

En septiembre de 2013, se realizó un estudio llamado *Confirmación del comportamiento del sadismo cotidiano* para determinar si los sádicos cotidianos tenían predilección por infligir un daño real, no solo imaginario, a los demás. Los investigadores creían que estos sádicos flagrantes probablemente se volvían más agresivos que los seres humanos normales cuando eran provocados. Además, sugirieron que el sadismo es probable que dé una proclividad única a los comportamientos antisociales más allá de los rasgos normalmente asociados con las personalidades de la tríada oscura. En otras palabras, los sádicos tienden a ser mucho más maliciosos que los narcisistas, psicópatas y maquiavélicos.

Para averiguar cómo se manifiesta el sadismo abierto en los comportamientos cotidianos, los investigadores llevaron a cabo una prueba de laboratorio que consistía en imitar el tipo de comportamiento superficial de inducción de daño que la gente podría, consciente o inconscientemente, realizar a diario. Los investigadores decidieron usar la matanza de insectos como prueba para identificar el posible sadismo en personas aparentemente normales. De acuerdo con el investigador principal, la voluntad de matar un insecto establecería un deseo sádico de infligir daño a través del contacto físico directo. Para poner a prueba esta teoría, se ofreció a los participantes la posibilidad de realizar ciertas tareas desagradables, incluyendo la opción de matar bichos, así como otras opciones desagradables, pero no sádicas. Acordaron tres opciones (incluyendo matar bichos) como tareas que un participante podía elegir: ayudar a otra persona a matar bichos, meter la mano en un barril de agua helada y limpiar baños sucios. Para encontrar a los sádicos evidentes entre los participantes, el equipo utilizó la Escala de Impulso Sadístico Corto—desarrollada en 2011 por un equipo de psicólogos de la Universidad de College Cork. El equipo también incluyó cuestionarios sobre los rasgos de la tríada oscura para distinguir las cualidades del sadismo del narcisismo, la psicopatía y el maquiavelismo. Como era de esperar, los individuos con altos niveles de sadismo eligieron matar a los bichos en lugar de las otras opciones. Después de concluir la tarea, también informaron que disfrutaron más de esa tarea en específico. Curiosamente, aquellos que habían elegido una tarea alternativa se arrepintieron de no haber elegido la tarea de matar bichos.

En la segunda parte de la prueba de laboratorio, los individuos altamente sádicos fueron calificados en comparación con los que tenían menos inclinación a la crueldad. Se les pidió de buena gana que participaran en una competición de apretar botones que implicaba atacar a un participante que ellos creían que no les atacaría. A lo largo de la prueba, los participantes tuvieron el privilegio de hacer explotar ruido blanco en los auriculares de sus oponentes por cada prueba que ganaron. Por supuesto, no había ningún oponente real. Sin embargo, se les hizo creer a los participantes que no serían atacados por sus oponentes después de ser impactados por los auriculares.

El segundo aspecto de la prueba de laboratorio era responder si los individuos altamente sádicos continuarían atacando y causando angustia a un oponente no atacante. El resultado fue que aquellos que fueron calificados como altamente sádicos no solo aprovecharon la oportunidad de dañar a sus supuestos oponentes, sino que también trabajaron muy duro para tener la oportunidad de bombardear a sus oponentes un poco más. Les daba un cierto tipo de emoción y satisfacción saber que estaban haciendo daño a otra persona sin posibilidad de ser reprendidos o atacados. Los rasgos de la tríada oscura, en cuanto a las tareas de matar insectos, no predijeron con exactitud el resultado de las inclinaciones a los ataques de ruido—pero el sadismo sí lo hizo. Por lo tanto, hay buena evidencia que sugiere que las personas que obtienen una alta puntuación en la escala de medición del sadismo o en el cuestionario, se inclinan a comportarse de manera casual y similar a las pruebas de laboratorio.

Es difícil decir *exactamente* cuál es la causa del sadismo; después de todo, ¿qué puede hacer que un ser humano obtenga tanto placer al infligir dolor a otro ser humano? La idea misma es difícil de comprender para la persona promedio. Sin embargo, muchas personas adoptan este tipo de estilo de vida, de buena gana o no. No se conoce ninguna causa de sadismo, desafortunadamente. Sin embargo, diferentes teorías tratan de proporcionar posibles explicaciones para los comportamientos sádicos en ciertas personas.

Una explicación es que los sádicos han sido duramente abusados y violados—física, emocional y sexualmente—en su infancia. El abuso no es algo que ocurre una sola vez, sino que tiene que ser constante y perpetuo. Las experiencias desagradables en la niñez o en la adolescencia temprana se consideran una causa importante para una personalidad sádica. También se ha descubierto que el sadismo puede adquirirse a través del aprendizaje o la observación. Por ejemplo, encontrarse constantemente en situaciones en las que el disfrute sexual se deriva de la angustia de los demás puede dar lugar al desarrollo de una personalidad sádica o de comportamientos sadomasoquistas. Un individuo ni siquiera tiene que tomar parte—cuenta como sadismo si la observación del sufrimiento hace que la persona se sienta bien. Si ha leído la serie de libros *Cincuenta Sombras de Grey*, sabe que Christian Grey, el personaje sádico, ni siquiera exhibía rasgos de sadismo hasta que fue iniciado en el aspecto sexual por una buena amiga de su madre, a pesar de que fue abusado emocional y físicamente cuando era niño. Por lo tanto, se puede decir que desarrolló una personalidad sádica a través del aprendizaje y la observación. Luego, se convirtió en un participante activo.

Aquí están las características básicas para ayudarle a identificar a un sádico basado en preguntas de la Escala de Impulso Sadístico Corto (SSIS):

• Disfrutan genuinamente viendo a la gente salir lastimada.

• Los sádicos fantasean con lastimar a la gente física, emocional y sexualmente. Incluso si nunca han actuado según estas fantasías, hay muchas posibilidades de que lo hagan algún día.

• Los sádicos piensan que la idea de lastimar a las personas o a los animales es excitante.

• Es probable que hayan herido a otra persona para su propio disfrute antes.

- Creen que las personas generalmente lastimarían a otra persona si tuvieran la oportunidad. Esa es su mentalidad operativa.
- Le harán daño si está a su alcance.
- Humillan a los demás solo para mostrar su superioridad sobre ellos.
- Se vuelven físicamente violentos cuando están extremadamente enfadados.

Los individuos sádicos no solo realizan actos sádicos, sino que también los disfrutan. La gente que es altamente sádica exhibe un comportamiento cruel y agresivo recurrente. Pero el sadismo no siempre es físico; también incluye manipular emocionalmente a otros usando el miedo, la crueldad emocional y la obsesión por la violencia. Los padres a quienes les encanta disciplinar a sus hijos con castigos corporales pueden o no ser sádicos. Como se ha señalado, el sadismo puede ser psicológico. Por ejemplo: Digamos que alguien sabe que le tiene miedo a las arañas. Si esta persona se burla constantemente usando ese miedo, fingiendo que le alerta sobre una araña—debajo de su cama, en su camisa o en cualquier otro lugar—sabiendo la angustia que causará, puede ser un sádico. Puede que disfrute genuinamente viéndole sufrir de miedo. Si sigue usando este miedo contra usted, significa que su angustia le da placer, un rasgo distintivo del sadismo.

Otra forma en que el sadismo puede ser usado psicológicamente, particularmente en una relación, es si una pareja sigue usando algo que sabe sobre su pareja para causarle angustia. Un High Mach puede hacer esto para conseguir algo que quiere de su pareja. Un narcisista probablemente lo hará para sentirse mejor que ellos. Un psicópata haría algo así sin remordimiento. Comparativamente, un sádico lo hará solo para verlo angustiado—sin otra razón. Quieren verle sufrir emocionalmente.

En su forma más generalizada, el sadismo puede convertirse en un trastorno de sadismo sexual. El trastorno de sadismo sexual es uno de los muchos trastornos sexuales psiquiátricos agrupados como trastornos parafílicos. Las parafilias son fantasías sexuales, preferencias, impulsos y conductas fuera del espectro de lo que se considera normal. Sin embargo, se consideran signos de un trastorno solo si se manifiestan en conductas potencialmente dañinas o angustiantes para uno mismo o para los demás, en particular si se producen sin consentimiento. El sadismo sexual se manifiesta como un sentimiento emocionante que resulta de humillar e infligir dolor a otra persona para lograr la gratificación sexual. En este caso, el dolor y la humillación pueden no ser imaginarios; en ocasiones son reales. Además, puede ser físico o psicológico, dependiendo de lo que le guste al sádico. En realidad, el sadismo se deriva del nombre de un aristócrata francés, el Marqués de Sade, que era conocido por escribir libros sobre el tema en torno a la concesión del placer sexual. Esto explica por qué el sadismo está mayormente asociado con las actividades sexuales, aunque pueda ser expresado de otras maneras.

Los actos sádicos que pueden ser potencialmente dañinos para los demás incluyen la restricción (con cadenas, esposas o cuerdas), los azotes, las palizas, los latigazos, las mordeduras o el encarcelamiento. Si una persona puede establecer una relación sexual y sádica mutuamente satisfactoria con una pareja voluntaria sin causarle angustia o perturbación, no se puede considerar que padezca un trastorno de sadismo sexual. Pero cuando se involucran repetidamente en actos sexuales sádicos sin buscar el consentimiento de su pareja, pueden ser diagnosticados con el trastorno de sadismo sexual. También se les puede diagnosticar si los pensamientos, fantasías o conductas sádicas dan como resultado problemas sociales, profesionales y otros problemas funcionales. Los actos sádicos sexuales extremos son potencialmente peligrosos y pueden llevar a la muerte; por lo tanto, pueden ser considerados como actos criminales.

Para que una persona sea diagnosticada con el trastorno de sadismo sexual, debe haber fantaseado repetida y persistentemente o causado la angustia física o mental de otra persona— con o sin consentimiento—para lograr una intensa excitación y gratificación sexual. Estos síntomas también deben ser monitoreados y observados por un mínimo de seis meses antes de que el SSD pueda ser diagnosticado. Otros rasgos como la impulsividad, la deshonestidad y la ausencia de empatía y remordimiento también pueden estar presentes antes de que se pueda hacer un diagnóstico.

Gracias a la popularidad de *Cincuenta Sombras de Grey* y otras películas de imitación que se centran en el sadismo, parece que la gente se está abriendo más al aprendizaje de este tipo de personalidad. El sadismo es parte de la experiencia humana, y tristemente, la gente debe aceptarlo. Afortunadamente, solo una minoría de personas están realmente dispuestas a actuar sobre el deseo humano innato de infligir dolor a otros por placer. Sin embargo, los medios de comunicación deben dejar de romantizar el concepto de sadismo. La gente necesita entender cuán desagradable puede llegar a ser el sadismo. Algunas personas podrían cometer el error de entrar en una relación con un sádico—pensando que será igual que con sus personajes favoritos de los libros y las películas. Desafortunadamente, la realidad a menudo resulta ser completamente diferente.

El problema con las personas con los cuatro rasgos malévolos y el sadismo, como se ha discutido hasta ahora, es que es poco probable que los individuos con estas personalidades quieran cambiar o buscar terapia. Mientras que los narcisistas pueden seguir yendo a la terapia y conseguir tratamiento, la posibilidad es menor para los psicópatas y los maquiavélicos. Incluso en ese caso, es posible que no acudan a la terapia a menos que sean empujados por sus seres queridos o porque el tribunal les haya ordenado asistir a la terapia después de cometer un delito. La posibilidad de que ocurra cualquiera de las dos opciones es casi inexistente—especialmente porque la mayoría de los miembros de la familia ni siquiera saben que algo anda mal. Incluso cuando ven que algo está mal, no lo aceptan a menos que la persona afectada sea abiertamente violenta con los demás.

En los capítulos siguientes analizaremos algunas de las técnicas conocidas y desconocidas que utilizan los narcisistas, psicópatas, maquiavélicos y sádicos para manipular y explotar a sus víctimas.

Capítulo siete: Gaslighters y la manipulación emocional

El gaslighting es una forma de manipulación emocional que puede volver loca a una persona si no se tiene cuidado. Desafortunadamente, también es una herramienta muy efectiva utilizada por personas con los rasgos de la tríada oscura para aprovecharse de sus desprevenidas víctimas. Más que nunca, la atención se está centrando en el concepto de gaslighting y gaslighters, lo cual es algo bueno. El término está en todas partes, desde la literatura clínica hasta los medios de comunicación social. Aunque la gente en las redes sociales puede estar usando el término un poco mal, todo el mundo tiene la idea de que el gaslighting es una forma de manipulación emocional, y los gaslighters son manipuladores emocionales. El problema ahora es cómo se puede identificar cuando están siendo gaslightados.

El gaslighting es un comportamiento inherentemente manipulador. Es una forma muy poderosa de abuso emocional, aunque más sutil que otras técnicas. El gaslighting implica llevar a una persona al punto en el que comienza a cuestionar su cordura. En pocas palabras, los gaslighters buscan distorsionar su percepción de la realidad hasta el punto en que ya no puede creer en sí mismo. Es un juego mental que los abusadores usan para establecer control sobre sus víctimas. Como cualquier tipo de abuso, el gaslighting puede ser usado en cualquier relación, incluyendo relaciones sociales, personales y profesionales. Los gaslighters pueden ser cualquier persona, desde una celebridad de las redes sociales hasta una figura pública o incluso alguien que ocupe una posición de poder. Puede ser su hermano, padre, jefe, compañero de trabajo, novio, novia, amigo íntimo o un pariente cercano. Básicamente, usted puede sufrir de gaslighted por cualquier persona que tiene alrededor, independientemente de la posición que tienen en su vida.

El gaslighting es comúnmente usado por narcisistas, parejas abusivas, y personas como los líderes de un culto. El efecto del abuso emocional en una víctima puede ser devastador.

¿Cómo define la psicología el gaslighting? En psicología, el gaslighting se define como una forma de abuso emocional y psicológico utilizado para alterar o erradicar por completo la percepción de la realidad de otro individuo para ganar influencia, control y poder sobre ellos. Los gaslighters utilizan juegos mentales sutiles y tácticas de manipulación, que se ejecutan en fases hasta que logran sus objetivos. Para socavar la cordura y la estabilidad de su víctima, un gaslighter repite las tácticas de manipulación regularmente. Eventualmente, la víctima comienza a dudar de su propio juicio y de sus percepciones de los asuntos, recuerdos o versiones de los eventos que han ocurrido. Si el gaslighting no se detiene a tiempo, la víctima comienza a perder su sentido de sí misma y su autoestima. En otras palabras, se olvida de quiénes son y se convierte en quien su abusador le dice que es.

El término "gaslighting" se originó a partir de una obra de teatro escrita en 1938 por Patrick Hamilton, un dramaturgo británico. Más tarde, la obra fue adaptada a una película, *Gaslight* (1944), que es cuando el término se hizo popular. La película muestra a una joven que se casó demasiado pronto con un marido manipulador y controlador. En sus intentos por mantenerla subyugada, el marido manipuló su entorno de manera específica, lo que hizo que se cuestionara su percepción de la realidad. En la película, había luces de gas en la casa. Para socavar la cordura de su esposa, el marido atenuaba las luces y las hacía parpadear. Cuando la esposa le preguntaba sobre lo que estaba pasando, él negaba que algo estuviera pasando. La llamaba específicamente "loca" y le decía que no había nada malo con las luces de gas. Como resultado, la esposa comenzó a pensar que estaba loca. Estaba emocionalmente traumatizada y casi perdió la cabeza. Eventualmente, ella encontraría a alguien que confirmaría que los eventos no solo estaban sucediendo en su cabeza. Al final, dejó el matrimonio porque se dio cuenta de la clase de hombre que era su marido.

El abuso toma una forma diferente, pero la gente es mayormente consciente del abuso físico y sexual. El abuso verbal y emocional no recibe tanta atención como los otros dos. El abuso puede ser físico, emocional, mental, verbal, sexual e incluso financiero. Si bien otras formas de abuso son fácilmente identificables, no es tan sencillo detectar cuando alguien cercano a usted recibe gaslighted. El gaslighting se hace de diferentes maneras, generalmente etapa por etapa, hasta que un individuo pierde completamente el control de su percepción.

La primera forma de gaslighting toma la forma de "mentira y negación". Los gaslighters son mentirosos, pero no mienten de vez en cuando, mentir es un hábito. La mentira y la negación son las mayores herramientas que los gaslighters usan para alterar la percepción de los eventos de sus víctimas de manera efectiva. Establecen su patrón de abuso diciendo mentiras, mentiras y más mentiras. Cuando un gaslighter le miente, y usted lo sorprende mintiendo, no lo acepta—lo niega. Entonces usted, como víctima, comienza a cuestionarse a sí mismo y a sentirse inseguro sobre las situaciones más simples. Su objetivo es ponerle en un estado de constante duda y confusión. Una vez que lo está, no tiene otra opción que acudir a ellos para obtener claridad— que es exactamente lo que quieren. Desafortunadamente, la búsqueda de la claridad a partir del gaslighter resulta en un ciclo de abuso que le deja sintiéndose más inseguro y vulnerable día a día.

Ejemplo:

Romana atrapa a su novio, Mark, intentando conseguir el número de teléfono móvil de otra chica en el centro comercial. Enojada, ella se enfrenta a él, pero él niega descaradamente haberlo hecho. Incluso cuando Romana le dice que lo vio claramente, él le dice que ella debe haber estado imaginando cosas porque él nunca trató de conseguir el número de ninguna chica. Romana se siente en conflicto porque ella definitivamente lo vio, pero decide dejarlo pasar, ya que él lo niega.

La segunda es la *proyección*. A los gaslighter les encanta proyectar; de hecho, es su herramienta característica. Los gaslighters tienen los peores comportamientos—empiezan a proyectar todos estos comportamientos sobre usted. Cualquier mal comportamiento que les pillen o no les pillen haciendo se lo asignarán a usted. Cada característica inmoral por la que se les conoce será proyectada sobre usted. En el intento de exonerarse de las cosas de las que se le acusa, para distraerlo del gaslighter—que está involucrado en estos comportamientos. Estará demasiado preocupado por defenderse como para darse cuenta de que se le acusa de cosas que la otra persona está haciendo. Para empeorar las cosas, el gaslighter proyectará repetidamente estos comportamientos sobre usted para controlar la historia y su relación.

Ejemplo:

Al día siguiente, Mark reflexiona sobre la acusación y le dice a Romana que cree que la única razón por la que ella lo acusaría de algo así es que lo estaba engañando. Empieza a dar ejemplos cuando vio a Romana hablando con otros tipos—como la conversación no parecía completamente inofensiva—pero nunca acusó a Romana de nada. Al día siguiente, repite esto. Se convierte en un hábito, ya que casualmente implica que Romana habla con otros tipos cada vez que está en su teléfono. Romana se arrepiente y comienza a preguntarse por qué pensó lo peor de Mark en primer lugar. Empieza a verse a sí misma como una mala persona en la relación.

A continuación, el gaslighter muestra una aparente *falta de congruencia* en sus palabras y acciones. No se encuentra la congruencia en lo que dicen y en cómo actúan. La falta de congruencia en el discurso y la acción es evidente para la víctima en la etapa inicial. Un gaslighter le dirá una cosa y hará otra. Hacen promesas y compromisos sin cumplirlos— deliberadamente. Armonizan palabras amables y cariñosas para que usted se relaje en una situación específica. Lo que se debe tener en cuenta es que el gaslighter no es auténtico, y tampoco sus palabras. Prestar atención a cuánto coinciden las palabras con las acciones le dará una idea de si está tratando con un gaslighter.

Ejemplo:

Después de un tiempo, Mark promete dejar de acusar a Romana de ser infiel. Dice que está cansado de pelear. Le promete a Romana que la ama y que nunca consideraría amar a otra chica. Desafortunadamente, al día siguiente, Romana lo sorprende con las manos en la masa una vez más—está hablando con la misma chica del centro comercial. Romana tiene un conflicto sobre si debe enfrentarse a él de nuevo. Eventualmente, lo hace. Sin embargo, él le dice, "Cariño, creí que habíamos acordado dejar de pelear. ¿Realmente te das cuenta de cuánto te amo? ¿De verdad crees que alguna vez te haría daño de esa manera? No puedo ni imaginarme hacerte daño de esa manera". Romana se siente bien escuchando estas cosas de él, pero no tiene idea de lo inauténticas que son.

El gaslighting también se hace a través del abandono y los cambios en la memoria. Un gaslighter nunca aceptará o escuchará las preocupaciones de su víctima. Prefieren fingir que no entienden lo que les está diciendo. Intentan hacerle sentir estúpido por hablar con ellos hasta el punto de que podría incluso cuestionar su lucidez. También pondrán en duda su memoria de los acontecimientos. Niegan los detalles de un evento tal y como lo recuerda. O, negarán que algo así haya sucedido alguna vez. Esto hace que se cuestione aún más su memoria. Un gaslighter puede incluso subir un nivel y crear detalles falsos del evento.

Ejemplo:

Cuando Romana se enfrenta a Mark una vez más, él le pregunta de qué está hablando. Afirma que no recuerda haber hablado con nadie por teléfono. De hecho, le dice que la persona con la que recuerda haber hablado es su primo, a quien ella conoce bien. Cuando Romana intenta decir que escuchó el nombre de la chica del centro comercial, él la rechaza y dice que ya ni siquiera recuerda a la chica. Dice que ni siquiera la habría recordado si Romana no hubiera vuelto a mencionar a la chica. Romana se siente mal y concluye que debe haber imaginado escuchar el nombre, ya que aún está en su mente. Se disculpa con Mark.

En consecuencia, el gaslighter comienza a aislar a la pareja de sus amigos y seres queridos. Saben que ya está cuestionando su cordura, así que lo empeoran aislándolo del resto del mundo. De esta manera, no tiene otra opción que acudir a ellos para que le aclaren la situación. Incluso pueden empezar a referirse a usted como una "persona loca". Al hacer esto, empiezan a ponerle en contra de su familia y amigos, y viceversa. En la mayoría de los casos, sus seres queridos ni siquiera saben lo que el gaslighter está diciendo. Los gaslighters intentan hacer creer a sus víctimas que su familia no se preocupa por ellos. "¿Segura que Katrina es realmente tu mejor amiga? ¿Por qué no viene a verte más a menudo?". Declaraciones como esta se usan para aislarle de sus seres queridos para que el gaslighter pueda tener más control sobre su vida.

Ejemplo:

Mark le dice a Romana que no cree que debería seguir saliendo con sus amigos. Después de todo, es cuando salen que las suposiciones erróneas ocurren y resultan en peleas. ¿Cómo se pelearían por una chica misteriosa si ni siquiera salen en primer lugar? Romana está de acuerdo con él porque está dispuesta a hacer todo lo posible para que su relación funcione.

Eventualmente, Mark y Romana, en los ejemplos anteriores, forman una relación codependiente. La codependencia se define como una excesiva dependencia emocional y psicológica de la pareja. En una relación en la que uno de los miembros de la pareja está constantemente bajo gaslighted, el gaslighter incita a sentimientos de ansiedad e inseguridad en el gaslighted—para ganar control sobre ellos. Después de un tiempo, la pareja que está siendo gaslighted no tiene otra opción que ceder el control al gaslighter. Cuando esto sucede, el gaslighter se convierte en el dictador de la relación. Ellos tienen control sobre la aceptación, la seguridad, la protección, el respeto y la aprobación. Pueden elegir entre darlos o quitarlos. Las relaciones de codependencia se establecen sobre la base de la vulnerabilidad, el miedo y la marginación.

Aunque el gaslighting en sí mismo no es un trastorno, hay varias razones por las que los rasgos de personalidad hacen que una persona sea un gaslighter. Los gaslighters exhiben una personalidad autoritaria, que se encuentra en los narcisistas, psicópatas, maquiavélicos y sádicos. Las personas con tipos de personalidad autoritaria rara vez encuentran defectos en sí mismos. Sin embargo, se apresuran a señalar los fallos y defectos de otras personas. Si alguien es un gaslighter, es probable que tenga un trastorno de personalidad que alimente ese comportamiento.

El objetivo final de un gaslighter es dominar, controlar y explotar. Pero algunos gaslighters no limitan a sus víctimas a una persona a la vez. Son ambiciosos y pueden intentar dominar y explotar a un grupo de personas, o a toda una comunidad de personas. Creando un patrón de mentiras, negaciones y coacciones, el gaslighter puede mantener a los gaslightees en un estado interminable de auto-duda, inseguridad y miedo. Esto les da la posibilidad de explotarlos a voluntad continuamente, todo por nada más que progreso personal y poder.

¿Cómo identificar a un gaslighter en su vida?

- Cuenta mentiras descaradas con la cara seria. Aunque usted sabe que están mintiendo, se vuelve inseguro porque dicen esta mentira con una cara tan franca. Lo hacen para establecer un precedente que le mantenga inseguro e inestable. Nunca se sabe qué esperar de ellos a continuación.

• Incluso cuando usted ofrece pruebas en su cara, ellos niegan que algo haya sucedido. Los escucha decir algo, claramente, pero niegan haberlo dicho cuando se les pregunta sobre ello. Esto hace que comience a dudar de lo que sabe que escuchó—tal vez fue otra cosa, tal vez realmente nunca lo dijeron. Cuantas más negaciones ocurran, más se distorsiona su realidad. Esto no le deja otra opción que aceptar su realidad como la suya.

• Lo manipulan con las cosas que le son más queridas. Si tiene hijos, puede que le digan que sería mejor persona si nunca los hubiera tenido. Si sabe que es una persona inteligente, puede que le digan que su inteligencia no importa junto con sus rasgos negativos. Apuntan al núcleo mismo de su persona y utilizan como munición aquellas cosas que son de mayor valor para usted.

• Con el tiempo, comienza a sentirse agotado por las constantes mentiras y negaciones. Dado que el gaslighting es un proceso gradual, puede que no se dé cuenta rápidamente de que se está desgastando. Una mentira allí, más una negación, una crítica regularmente—comienzan a acumularse rápidamente. Antes de que se dé cuenta, ha sido completamente absorbido por la red de la manipulación. Incluso la persona más atenta puede ser absorbida por el gaslighting sin darse cuenta.

• Ocasionalmente lo elogian y hacen críticas positivas. Esta es una estrategia para confundirlo aún más. Ahora, debe preguntarse si la misma persona que dijo que no era lo suficientemente bueno el otro día también lo está elogiando. Comienza a pensar, "Oh, tal vez no es tan malo después de todo". Pero por supuesto, lo son. También son calculadores, y todo lo que hacen es para desequilibrarlo, así que nunca se sabe qué esperar de ellos.

Si tiene a alguien en su vida que no puede predecir ni siquiera en el más mínimo sentido de la palabra, esta persona es más que probable que sea un gaslighter. Estar en una relación, íntima o no, debería ser una cuestión de normalidad y estabilidad. Esto no se puede lograr con un gaslighter. Saben que la confusión perturba y debilita a las personas, por lo que continuamente hacen cosas para desarraigar sus sentimientos de estabilidad. Al final del día, no tiene otra opción que acudir a ellos para obtener la estabilidad que desea. Una cosa que es particularmente interesante acerca de los gaslighters es que harán cualquier cosa para convencerle de que alguien más es un mentiroso. Al convencerle de que alguien a quien ama es un mentiroso, le hacen cuestionar su realidad. Después de todo, ¿por qué llamar a una persona mentirosa si no es así? Bueno, pueden hacerlo porque son unos mentirosos. Decir que otras personas son mentirosas es una técnica de manipulación que hace que usted se dirija a ellos para obtener la verdad. Ellos se convierten en los únicos a los que hay que recurrir para obtener información correcta—que es realmente su información "correcta" que está equivocada.

Cuanto más familiarizado este con las técnicas utilizadas por los gaslighters para obtener el control y el dominio sobre sus víctimas, más rápido los detectara entre un grupo de personas para no caer en su trampa.

Capítulo ocho: Cómo detectar una mentira a través del lenguaje corporal

La mentira es parte de la naturaleza humana. Todo el mundo ha dicho al menos una mentira en su vida. ¿Se acuerda de aquella vez que mintió a sus amigos tratando de escapar de un encuentro que había sido planeado y acordado hace eones? Algunas personas mienten para salir de situaciones en las que no quieren estar. Otros mienten para meterse en una situación en la que quieren estar. El punto es que la gente miente todo el tiempo. De hecho, algunas personas mienten más que otras. Mientras que algunos mienten con mala intención, otros mienten para evitar herir los sentimientos de otra persona. Por ejemplo, si su mejor amigo de muchos años le confiesa repentinamente su amor, puede que se sienta inclinado a decirle que comparte sus sentimientos, aunque usted no lo haga. Sin embargo, mentir puede ser perjudicial para sus relaciones, por lo que es mejor no mentir en absoluto. La gravedad de las mentiras puede variar. Algunas son pequeñas mentiras piadosas, otras son serias y otras son siniestras. Sorprendentemente, muchas personas son malas para detectar cuando se les miente. Después de cientos de estudios sobre el engaño, los investigadores descubrieron que la persona promedio solo puede detectar eficazmente una mentira el 54 por ciento de las veces. A primera vista, esto puede parecer bastante impresionante. Pero se vuelve menos impresionante cuando se da cuenta de que el 50 por ciento de la tasa de detección ocurre por casualidad.

Además, si la gente miente mucho, ¿cómo se sabe cuando alguien que conoce o en quien confía le miente? A menos que sea psíquico por naturaleza o tenga algún poder mágico, no hay una forma directa de saber cuándo le están mintiendo. Obviamente, es difícil medir y distinguir las diferencias de comportamiento entre los mentirosos y los individuos honestos. Se han realizado investigaciones para tratar de descubrir diferentes maneras de detectar una mentira. Aunque no hay una señal definitiva que buscar, los investigadores han descubierto muchos indicadores útiles de la mentira. Sin embargo, afortunadamente, prestar atención al lenguaje corporal mientras alguien está hablando puede dar una visión muy útil. Incluso si no puede averiguar sobre qué es lo que están mintiendo, como mínimo, detectará que están diciendo una mentira. En última instancia, detectar una mentira se reduce a confiar en sus instintos. Conociendo las señales a las que hay que estar atento, puede dominar el arte de detectar mentiras. No se puede confiar solo en el lenguaje corporal, porque algunas personas no lo emiten en absoluto, así que deberá mirar otras cosas que sirven como indicadores de una mentira.

• Cambio en el lenguaje corporal habitual

Si está analizando el lenguaje corporal de una persona para averiguar si le está mintiendo, primero asegúrese de que conoce sus gestos corporales normales. Si no conoce su lenguaje corporal habitual, no detectará cuando hay un cambio. El acto de familiarizarse con el lenguaje corporal de una persona se denomina "línea de base" y es vital para detectar una mentira. Desde el apretón de manos hasta la postura, hay muchas cosas que aprender sobre los gestos corporales habituales de una persona. Cuando se toma como referencia a una persona, se pueden descubrir sus mentiras detectando sus señales de honestidad. Cada uno que te encuentras tiene una línea de base de lo que es su manierismo normal. Algunas tienen un estado constante de ansiedad e inquietud; siempre se están tirando de la ropa, el pelo o lo que sea—lo cual es normal para ellos. Lo que está tratando de detectar es un cambio de este comportamiento normal. Obviamente, hay varias razones por las que una persona podría estar actuando de manera diferente a su yo normal, y no todas las razones apuntan a la mentira. Aún así, un cambio en el comportamiento normal es un indicador vital de una mentira.

• Constante gesticulación con su mano no dominante

Si es cercano a alguien, sin duda conoce su mano dominante— ¿Es zurdo o diestro? Si comienza a enfatizar sus declaraciones con su mano no dominante mientras le dice algo, esto podría significar que está mintiendo. Aunque fuerce su boca a mentir, el cuerpo quiere ser honesto. Sin embargo, la mayoría de la gente presta atención a la boca y a las palabras que salen de ella en vez de al cuerpo. Para desafiar esto, el cuerpo traiciona el engaño.

• Cambios bruscos en el rostro

La cara es un gran indicador cuando alguien está mintiendo. Si alguien sigue moviendo los ojos mientras habla, es probable que esté mintiendo. También hay que tener cuidado con el parpadeo rápido. En promedio, un adulto parpadea entre diez y veinte veces por minuto, pero cuando alguien está mintiendo, puede que parpadee un poco más. Además, preste atención a la dirección en la que miran cuando hablan. Se sabe que una persona normalmente mira a la derecha cuando trata de recordar algo, preste atención a dónde mira cuando le hace una pregunta. Lo más probable es que miren a su izquierda para pensar una respuesta rápidamente. Tenga en cuenta que esto no siempre indica engaño. En algunos casos, pueden haber olvidado algo, y su mente puede estar tratando de ayudarles a recordar.

- **Inestabilidad en su postura**

Otro indicador de posible engaño es si la persona sigue balanceándose hacia adelante y hacia atrás mientras conversan. Esto significa que se sienten desequilibrados. También pueden poner su peso más significativamente en un pie, lo que resulta en una postura asimétrica. La asimetría indica una disonancia cognitiva entre los hemisferios izquierdo y derecho del cerebro. Así que, cuando alguien está en esa postura, es posible que mienta. O no sabe sobre el tema que se está discutiendo, lo que también es una forma de mentir. La asimetría también puede exhibirse ladeando la cabeza, ya que inclinarla puede indicar una mentira.

Otras cosas a las que hay que prestar atención cuando se intenta detectar una mentira son:

- Vaguedad – ofrecen muy pocos detalles sobre la situación o el evento.
- Repiten las preguntas que se formulan antes de responder.
- Usan fragmentos de oraciones con muchas palabras de relleno.
- No ofrecen detalles específicos cuando se cuestiona su historia.
- Parecen ser indiferentes – Parecen ser indiferentes: encogimiento de hombros, mirada aburrida y falta de expresión facial. La gente hace esto para evitar transmitir emociones o ser desestimados mientras están mintiendo.

La conclusión es que el lenguaje corporal puede ayudar a determinar si una persona está mintiendo. Sin embargo, asegúrese de prestar atención a todas las demás señales que se proporcionan arriba. El hecho es que no hay una forma universalmente aceptada y definitiva de saber cuando alguien está mintiendo. Cada indicio que se obtiene de su lenguaje corporal y la forma en que cuentan su historia son pistas que pueden permitirle saber si están siendo honestos o no. Por lo tanto, a veces puede que se equivoque. Sin embargo, si se aprenden y asimilan completamente las señales que hay que tener en cuenta, se puede llegar a dominar la detección de mentiras a través del lenguaje corporal.

Nota: Lo mejor que se puede hacer es prestar atención a su reacción instintiva inmediata a su historia. Esto a menudo resulta ser más preciso que cualquier otra técnica. Así que no se precipite a descartar la sensación en sus entrañas. ¡La mayoría de las veces, lo está llevando por el camino correcto hacia la verdad!

Capítulo nueve: Tratando con los manipuladores en su espacio de trabajo

A veces, los jefes pueden hacerle sentir increíblemente seguro y protegido; otras veces, le hacen sentir extremadamente ansioso. No sabe quiénes son realmente. No puede compartir con seguridad sus ideas, pensamientos y opiniones sin el temor de una reacción violenta. Por otro lado, hay un compañero de trabajo que constantemente se ofrece a hacer algo por usted mientras lo hace sentir que está en deuda. Nadie parece ser digno de confianza en su lugar de trabajo. Así que tiene miedo de que un día pueda experimentar una total violación de su privacidad por parte de algunos de sus colegas en los que confía lo suficiente como para contarles cosas.

En un mundo perfecto, su lugar de trabajo debería ser como su lugar de consuelo—un lugar en el que puede divertirse con personas felices mientras realiza un trabajo de calidad. En este mundo perfecto, puede identificar fácilmente a las personas malas y negativas porque tienen trajes malvados que los diferencian del resto de los trabajadores. Por desgracia para usted, el mundo real está lejos de ser perfecto. Puede que sea un empleado feliz que simplemente se contenta con hacer un trabajo del que está enamorado. Puede que tenga compañeros de trabajo que son igual de felices, conformes y positivos. Sin embargo, también hay otros negativos. En el lugar de trabajo, diferenciar a las personas buenas y malas es aún más difícil que en su vida personal.

La manipulación en el lugar de trabajo está recibiendo más atención de lo habitual, pero no se discute tanto como la manipulación en las relaciones sociales y personales. Puede ser por parte de su jefe o compañero de trabajo—básicamente cualquiera que trabaje en el mismo lugar que usted. Algunos de sus compañeros de trabajo pueden parecer que lo apoyan, le dan críticas positivas y lo animan cuando intenta hacer una broma, todo esto mientras le cavan un gran y amplio agujero en el que caer. Si no tiene cuidado, no se dará cuenta hasta que haya caído en su agujero. Lo que hace que los compañeros de trabajo como estos sean peligrosos es que pueden manipular fácilmente cualquier situación para hacerle destacar como si fuera una mala persona, mientras que ellos son los verdaderos tipos malos. Estos compañeros de trabajo son manipuladores psicológicos, y saber cómo descubrirlos puede salvar su carrera a largo plazo.

En todos los escenarios hasta ahora, puede ver que está siendo manipulado. A menos que se conozcan las tácticas del manipulador psicológico en el lugar de trabajo, puede que ni siquiera se dé cuenta de esto. Incluso cuando usted sabe que está siendo manipulado, puede sentirse demasiado impotente para hacer algo al respecto. Antes de aprender a manejar a los manipuladores emocionales y psicológicos en el lugar de trabajo, ¿Cómo puede identificarlos?

Lo primero que hay que saber es que los manipuladores en su lugar de trabajo tienden a hacer cosas para aumentar su confianza. Pueden decirle que usted es la persona más inteligente con la que han trabajado, o que usted es su persona favorita en toda la empresa. Cuando un compañero de trabajo manipulador le dice esto, le está diciendo sutilmente que pronto se convertirá en su mascota favorita en el trabajo. Un compañero de trabajo narcisista tiene una ferviente necesidad de admiración y atención por parte de todos—se alimentan de la atención. Así que, cuando tenga un compañero de trabajo que siempre sea encantador con todos, sea cauteloso—tal persona podría poseer los rasgos de la tríada oscura. Los manipuladores en el lugar de trabajo son superficialmente amables con todos. Ellos tienen suficientes "palabras dulces" para todos a su alrededor. Al final, su objetivo es envolver a todo el mundo alrededor de sus dedos. Una vez que logran esto, pueden explotarlo como quieran, y usted ni siquiera lo notará. Aunque no toda persona excepcional es un manipulador, su mejor apuesta es permanecer atento a lo que sucede.

Los manipuladores en los lugares de trabajo intentan desestabilizar la realidad tal y como la conocemos. ¿Alguna vez un compañero de trabajo le ha hecho algo desagradable, y cuando lo señala, le comenta que solo está en su cabeza? Ese es un comportamiento manipulador. Los manipuladores quieren controlar la conversación, y la única manera de hacerlo es sacudir su realidad y hacer que dude de sí mismo. Esto se remonta a las técnicas de gaslighting del capítulo tres. Como los manipuladores clásicos, cambian su realidad hasta el punto en que usted comienza a dudar de sí mismo y a pensar que se ha vuelto loco.

Proyectan sus malos comportamientos sobre usted y le echan la culpa, haciéndole creer que solo responden a sus comportamientos. Puede que le pregunten, si alguna vez se ha preguntado por qué parece que se comportan mal con usted. Preguntas como esta son intentos de proyectar y trasladar la culpa. Un compañero de trabajo manipulador podría decir algo como: "No soy perezoso. Solo creo que los otros miembros del equipo no se esfuerzan lo suficiente, y quieren culparme por ello". Los manipuladores psicológicos culparán a todos los demás excepto a ellos mismos. El objetivo es dejar a sus víctimas moralmente arrepentidas. "Habría hecho un trabajo mucho mejor si no me hubieran dado un proyecto que es claramente de mala calidad. Desearía que usted fuera un mejor gerente".

Cuando discute con un manipulador en el lugar de trabajo, ellos encuentran maneras de desviarse a temas irrelevantes. Lo hacen para ganar su argumento. Si usted dice que no cree en la religión, ellos pueden decir que usted tiene que apoyar a un grupo religioso más pequeño—cualquier cosa para desviarse del tema. Lo hacen para frustrarle hasta el punto de que no vea otra opción que ceder a su argumento "superior". Si no lo hace, confíe en que pueden hacerlo todo el día. Este tipo de táctica de manipulación clásica es popular entre los políticos.

Reconocer a los manipuladores en el lugar de trabajo es una cosa; manejarlos es otra.

A continuación, hay algunos consejos para que pueda tratar con los manipuladores de su lugar de trabajo:

- **Evítelos**: Una vez que se identifica que un colega es manipulador, el mejor paso a dar es mantenerse alejado de ellos. A menos que sea absolutamente necesario, no interactúe con ellos. Mantenerse alejado de ellos hará que sea menos probable que caiga víctima de sus actos de manipulación.

- **Aprenda y ejerza sus derechos**: Conocer sus derechos es útil cuando se trata de personas manipuladoras en el lugar de trabajo o en otros lugares. Además, debe estar preparado para defenderse si siente que sus derechos están siendo violados. Infórmese sobre los derechos que tiene en el lugar de trabajo. El aprendizaje y el ejercicio de sus derechos es un paso crucial para establecer límites entre usted y el manipulador.

- **Cuestione los límites**: La mayoría de los manipuladores no preguntan; exigen. Esperan que haga lo que sea necesario para satisfacer sus demandas. Cuando el manipulador de su lugar de trabajo hace tales demandas irrazonables, asegúrese de devolverle el golpe con las preguntas correctas. Por ejemplo, puede preguntarles si consideran que lo que piden es justo. Hacer preguntas los empuja a cuestionar sus motivos para hacer la demanda. Como resultado, pueden retroceder.

De lo contrario, continuarán molestando con demandas. En este caso, deberá utilizar cualquiera de las otras tácticas que se han discutido.

• **Diga que 'No'**: Dígales que no cuando hagan demandas. Aprender a decir no es vital en sus relaciones interpersonales y profesionales. Si no puede aprender a decir no, mucha gente asumirá que pueden aprovecharse de usted y explotar su falta de límites. Si su compañero de trabajo manipulador no quiere aceptar un "no" por respuesta, dígale que le informará al departamento de Recursos Humanos.

Una vez que ponga en práctica estos consejos, mantendrá alejados a los colegas manipuladores y disfrutará más de su lugar de trabajo.

Capítulo diez: Cómo se utiliza la PNL para manipular a los demás

La Programación Neuro-Lingüística (PNL) está considerada como una de las técnicas de control mental más destacadas del mundo. Es utilizada por todos, desde políticos hasta los medios de comunicación y las empresas de marketing. Sin embargo, mucha gente no cree que la PNL se esté usando como influencia para manipular a otras personas.

Richard Bandler y John Grinder introdujeron la PNL en la década de 1970. Pronto se convirtió en un concepto popular en el campo psicoanalítico, el ocultismo y el mundo de la Nueva Era en los 80. No fue sino hasta los años 90 y principios de siglo que se convirtió en una fuerza en el mundo del marketing, la publicidad y la política. Se ha convertido en una parte tan intrincada de la publicidad y el marketing que mucha gente ni siquiera conoce su uso en las comunicaciones. Casi todo en el mundo de los negocios se centra en influenciar a la gente, conociendo y aplicando algunas de las técnicas de la PNL—si no todas. Los individuos que han dominado la PNL pueden engañar a la gente y hacer que hagan las cosas de la manera más sorprendente.

En caso de que no lo haya escuchado antes, la PNL es un método científico utilizado para influenciar o cambiar el pensamiento y el comportamiento de las personas para lograr resultados específicos, generalmente deseados. Durante años, la PNL se ha utilizado como método para tratar los trastornos de ansiedad y las fobias. También se ha utilizado para mejorar el rendimiento y la felicidad. Todo esto se hace mediante el uso de ciertas técnicas de percepción, comunicación y comportamiento, facilitando que las personas modifiquen sus pensamientos y acciones, generalmente para mejorar. La PNL se centra en el procesamiento del lenguaje hasta cierto punto; sin embargo, no debe confundirse con el Procesamiento del Lenguaje Natural, que tiene el mismo acrónimo.

La PNL se inventó basándose en la creencia de que los humanos operan a través de percepciones internas del mundo que captan a través de experiencias sensoriales. Por lo tanto, la PNL intenta detectar y cambiar los sesgos y limitaciones inconscientes en la percepción del mundo de una persona. La PNL es bastante diferente de la hipnoterapia. A diferencia de la hipnoterapia, la PNL utiliza el lenguaje consciente para facilitar los cambios en el pensamiento y el comportamiento.

En pocas palabras, cuando se utiliza la PNL, se pone una capa de significado sutil en el lenguaje hablado y escrito para poner sugerencias en la mente inconsciente de una persona sin que esta se dé cuenta. Así como la PNL está destinada a ser una fuerza para el bien, también se utiliza como una herramienta de manipulación. Sin embargo, se trata más de la persona que la usa que de la técnica en sí. La palabra "manipulación" tiene una connotación negativa, pero esto no significa que la PNL sea automáticamente negativa porque se utiliza para la manipulación.

Muchas técnicas de PNL pueden ser aprovechadas para influenciar o manipular a las personas. Algunas de las técnicas son:

- Anclaje
- Rapport
- Patrón de movimiento
- Disociación visual-cinestésica

Estas técnicas se enseñan en una estructura piramidal, y algunas técnicas avanzadas solo se enseñan en seminarios costosos.

¿Cómo funciona la PNL? El practicante de PNL comienza por monitorear de cerca al individuo que está trabajando para influenciar o manipular. Presta atención a los cambios y movimientos sutiles del cuerpo, como la dilatación de las pupilas, el movimiento de los ojos, el enrojecimiento de la piel y los tics nerviosos. Prestando atención a estos, pueden darse cuenta rápidamente:

- El lado del cerebro predominantemente utilizado por la persona
- El sentido predominante en su cerebro
- La forma en que su cerebro adquiere, interpreta, almacena y utiliza la información
- Cuando inventan cosas o mienten abiertamente

Una de las características centrales de la PNL es la creencia de que un individuo está naturalmente predispuesto hacia uno de los cinco sistemas sensoriales. Esto se conoce como el Sistema Representativo Preferido (PRS). Los practicantes de PNL pueden detectar rápidamente este sesgo a través del uso del lenguaje. Una frase como, "Escucho su punto" puede significar un sesgo hacia el sistema auditivo. Es decir, las personas que usan esta frase en lugar de "Veo su punto" tienen un PRS auditivo. Por lo tanto, un practicante de PNL busca identificar el PRS de una persona y luego construir su terapia de cambio alrededor de esto.

Después de monitorear los cambios y movimientos corporales de la persona y usarlos para adquirir cierta información sobre ellos, los practicantes de PNL luego recrean gradual y sutilmente los manierismos del sujeto, incluyendo su lenguaje corporal y su forma de hablar. Comienzan a hablar con patrones de lenguaje que están diseñados para activar el sentido primario de la persona para ponerla en estados emocionales específicos. Esto es el anclaje y la compenetración en conjunto. El practicante de PNL hace esto para mejorar la comunicación con el sujeto y lograr una respuesta a través de la empatía. Esencialmente, el practicante de PNL está fingiendo las señales sociales que la persona recibe para que se abra y responda a la sugestionabilidad.

Si la persona (sujeto) tiene un PRS predominantemente visual, el practicante usará un lenguaje que apunte a su sentido visual. Por ejemplo, "¿Ve lo que quiero decir?". Si la persona tiene un PRS predominantemente auditivo, dirá cosas como, "¿Está escuchando esto?" o "Escúcheme y escuche atentamente". Al reflejar los patrones lingüísticos del individuo, el practicante intenta construir una relación. La compenetración es el estado mental y psicológico en el que se entra cuando se baja la guardia. Solo se llega a esta etapa en la PNL cuando se está seguro de que la persona que habla con usted comparte el mismo manierismo, lo que hace que confíe más en ella. Tan pronto como se alcanza la compenetración, el practicante se hace cargo sutilmente de las interacciones sin que el sujeto se dé cuenta. Habiendo aprendido y reflejado su manierismo y patrones de lenguaje, ahora puede facilitar sutilmente los cambios en los pensamientos y comportamientos de la otra persona. Combinado con una serie de otras técnicas de PNL, el practicante tiene ahora el poder de dirigir a la otra persona en la dirección que quiera. Esto es posible siempre y cuando el otro individuo no sea consciente de lo que está pasando. A partir de ahí, esta persona puede convencer al sujeto de hacer cualquier cosa—desde hacer una donación hasta meterse en la cama con él.

Normalmente, se supone que debe buscar el consentimiento antes de practicar la PNL en las personas. Sin embargo, desafortunadamente, muchos manipuladores están familiarizados con esta técnica y saben cómo usarla en usted sin su conocimiento. Entonces, ¿cómo se asegura de que no se le manipule a través de la PNL sin su conocimiento o consentimiento?

- Compruebe si están copiando su lenguaje corporal. Si usted conoce a alguien manipulador o aficionado a la PNL, tenga cuidado cuando interactúe con ellos. Asegúrese de que no están sentados de la misma manera que usted, o reflejando los movimientos de sus manos. Para comprobarlo, haga algunos movimientos y vea si los recrean.

- Si les prestan demasiada atención a sus ojos, haga movimientos aleatorios con los ojos y muévalos en patrones impredecibles.

- No permita que personas sospechosas lo toquen. Cuando tenga una conversación con un usuario de PNL manipulador, y esté en un estado emocional elevado, si permite que le toquen en ese estado, le anclarán. Esto significa que lo pondrán en ese mismo estado emocional más tarde, cuando quieran.

- Preste atención a su lenguaje. Cuanto más vago sea el lenguaje, más probable es que lo ponga en un estado de sugestionabilidad. ¿Cuándo? Cuando no tiene nada o poco con lo que estar de acuerdo o en desacuerdo.

- Tenga cuidado con la gente que usa mucho el lenguaje permisivo. Esta es una técnica importante en PNL. La mejor manera de poner a alguien en un estado sugestivo es pidiendo permiso para hacer eso. "Siéntase libre de sentarse conmigo" es un ejemplo de una declaración que un practicante de PNL usará.

- Lea entre líneas. El uso de un lenguaje con significado en capas es una de las técnicas distintivas de la PNL. Si alguien dice algo como, "Leer, nutrirse y dormir conmigo son sus cosas favoritas por hacer". Esta frase puede parecer inofensiva, pero hay un significado en capas. ¡Compruebe si puede leer entre las líneas y captarlo!

La PNL puede ser utilizada para manipular, ya que se trata de alterar el pensamiento y los patrones de comportamiento de una persona. Por lo tanto, siempre se debe tener cuidado con los practicantes de PNL. Entienda que la PNL es considerada como una pseudo-ciencia por la comunidad científica, así que es mejor no usarla para nada.

Capítulo once: Control mental y lavado de cerebro

¿Alguna vez ha intentado que alguien esté de acuerdo con usted en algo? ¿Alguien ha intentado alguna vez que esté de acuerdo—o incluso que haga—algo? Ciertamente, debe haber experimentado esto muchas veces. Todos están constantemente expuestos a diferentes métodos de persuasión, tanto online como offline, pero no le prestan atención. Naturalmente, nadie lo hace. Aunque usted piense en estas cosas como persuasión o "convencimiento", a los psicólogos les gusta referirse a ellas como técnicas de lavado de cerebro y control mental.

El "lavado de cerebro" fue introducido al público a través del trabajo de Edward Hunter, un periodista americano especializado en temas orientales. En psicología, el lavado de cerebro también se denomina *reforma del pensamiento*, que consiste en alterar o cambiar el patrón de pensamiento de una persona. Es tan simple como eso. El lavado de cerebro, obviamente, no puede ocurrir sin control mental. Después de todo, ¿cómo puede una persona afectar y cambiar sus patrones de pensamiento si no se puede acceder a su mente? Hay muchas maneras de lograr una influencia social. Sin embargo, el lavado de cerebro es la forma más invasiva de ganar influencia. El lavado de cerebro requiere el total aislamiento y dependencia de la víctima para que el manipulador gane influencia.

Por ello, este método se utiliza comúnmente en cultos y campos de prisioneros. De hecho, el propio término se originó y se popularizó durante la guerra de Corea, cuando los militares coreanos y chinos supuestamente capturaron a soldados estadounidenses, los mantuvieron en campos de prisioneros y les lavaron el cerebro. Tras el lavado de cerebro, los prisioneros confesaron aparentemente haber utilizado gérmenes como munición de guerra, incluso cuando no lo habían hecho. Al final de todo, juraron su lealtad al estado comunista de China. Después de la guerra, más de veintiún soldados se negaron a volver a América a pesar de que habían sido liberados. Así de profundo puede ser el lavado de cerebro. Sin embargo, esta historia plantea algunas preguntas que los escépticos suelen utilizar para desacreditar la eficacia del lavado de cerebro. Si el lavado de cerebro fue tan efectivo, ¿por qué solo 21 de los más de 20.000 prisioneros se negaron a regresar a los Estados Unidos? ¿No prueba eso que el lavado de cerebro no funciona tan bien como los medios de comunicación lo describen?

El control mental y el lavado de cerebro se clasifican bajo la influencia social. En el mundo, la influencia social ocurre cada minuto del día. Alguien, en algún lugar, siempre está tratando de que un amigo o un conocido o un extraño haga algo. Cada día, la gente usa varios métodos para cambiar las creencias, actitudes y comportamientos de otras personas. Algunas personas usan la complacencia para iniciar un cambio en el comportamiento de un individuo sin considerar las actitudes o creencias de la persona. La persuasión se usa para iniciar un cambio de actitud. El método educativo se usa para tratar de cambiar las creencias, por eso se llama método de propaganda.

Comparativamente, el lavado de cerebro tiene como objetivo cambiar las creencias, las actitudes y el comportamiento de una persona; básicamente, todo lo que forma la identidad de la persona y la convierte en lo que es. El lavado de cerebro requiere un control completo sobre su víctima, incluyendo cómo y qué come, sus patrones de sueño, y cualquier otra necesidad humana básica. La idea es secuestrar completamente la identidad de la víctima hasta el punto en que ya no tienen un sentido de identidad. Una vez que esto sucede, la persona que le lavó el cerebro les presenta un conjunto diferente de comportamientos, creencias y actitudes que se alinean con las necesidades de la persona que le lavó el cerebro.

Mientras que muchos expertos creen que es posible lavar el cerebro de un individuo en la situación y condición adecuadas, algunos consideran que es una forma improbable de influencia. Creen que el lavado de cerebro no es posible sin la presencia del miedo o la amenaza de violencia física. Esto significa que para que el lavado de cerebro sea factible, tiene que haber una coacción, ya sea física o no física. Sin embargo, los expertos creen además que los efectos del lavado de cerebro son transitorios, independientemente de los métodos o técnicas utilizados. El proceso de lavado de cerebro no erradica necesariamente la identidad de una persona, sino que la empuja entre bastidores. Una vez que el lavado de cerebro deja de reforzar el proceso, la identidad oculta comienza a regresar. Esto explica por qué la mayoría de los soldados americanos capturados, a pesar de la tortura y el lavado de cerebro reportado, eligieron regresar al país, y solo unos míseros veintiún se quedaron atrás.

Para lavar el cerebro a sus víctimas, los manipuladores siguen una serie de pasos:

- Asaltan su identidad para quebrantarla.

- Incitan sentimientos de culpa para hacerlo sentir mal por lo que es.

- Le animan a aceptar su punto de vista sobre quién es usted para promulgar la auto-traición.

- Una vez que esté en su punto de quiebre, le ofrecen una posibilidad de salvación. Empiezan a ser indulgentes y a ofrecerle ayuda.

- Le ayudan a confesar todo de lo que le han acusado.

- Canalizan su culpa hacia cosas diferentes, tanto que se confunde sobre cuál es su crimen original. Esto lo deja en un estado de vacío, lo que significa que quien le lava el cerebro puede llenarlo con lo que quiera.
- Luego le ayudan a liberar su culpa. Esta es una táctica para deshacerse de su sistema de creencias. Una vez hecho esto, pueden introducirle un nuevo conjunto de creencias.
- Por último, una reconstrucción de sí mismo—que consiste en reconstruir sus actitudes, creencias y conductas.

Así de simple, el trabajo de un lavador de cerebros está hecho, y usted se convierte en una persona completamente nueva con su viejo yo escondido en lo profundo de las capas de las nuevas creencias.

Como ya se ha dicho, el control mental es la base del éxito del lavado de cerebro de una persona. Para usar el control mental básico en las personas, los individuos con los rasgos de la tríada oscura primero tratan de entender con quién están tratando. No es sorprendente que esta sea una tarea tan fácil para ellos. Lo primero que hacen es averiguar quién es lo suficientemente vulnerable para ser explotado. Todo el mundo es vulnerable de una forma u otra, y los psicópatas lo entienden. Así que buscan vulnerabilidades específicas en sus víctimas. Cuanto más conocimiento tienen de lo que le hace vulnerable, más fácil es controlarle y lavarle el cerebro. Hay tres aspectos de la personalidad que ellos entienden mejor de lo que usted sabe.

El primero es su *personalidad privada*. Su experiencia interna de sí mismo. Su personalidad privada cubre todo, desde sus pensamientos y actitudes hasta sus valores, preferencias, emociones, ambiciones, esperanzas y rasgos positivos. También incluye algunos rasgos negativos que puede tratar de mejorar, ignorar o esconder de los demás.

La segunda es su *personalidad pública*: Cómo quiere que los demás piensen en usted. Es la parte de usted mismo que muestra a los demás para que le vean de forma positiva. Subconscientemente se intenta amplificar los buenos rasgos y restar importancia a los malos.

El tercer aspecto es la *reputación*: Cómo le ve la gente en realidad. No importa cuánto esfuerzo ponga en ocultar o amplificar sus rasgos, la gente siempre se formará una impresión propia, generalmente basada en sus creencias, opiniones y valores. Utilizan estas tres cosas para filtrar la información que obtienen de usted para formar su percepción personal. Es por eso que algunas personas pueden describirlo como una persona agradable, mientras que otros dicen abiertamente que no es amable. Este es el resultado del filtrado y la distorsión de la información.

Una cosa importante a tener en cuenta aquí es que la primera impresión se forma bastante rápido, normalmente a los pocos segundos de conocerse. A medida que pasa el tiempo, la gente busca subconscientemente información para confirmar su impresión inicial. Incluso cuando ven la información que contradice sus opiniones y percepciones, tienden a ignorarla. Este es un sesgo humano natural. Así que, si le gusta alguien la primera vez que lo conoce, se vuelve agradable cada día. La simpatía es una de las principales armas que los manipuladores y lavadores de cerebros usan para influenciar y posteriormente dominar. Cuanto más le guste alguien, más probable es que se deje influenciar por él.

Entonces, ¿cómo usan esta información las personas con rasgos de tríada oscura? Cuando un individuo de la tríada oscura se encuentra con usted por primera vez, inmediatamente lo evalúa por su posible utilidad y valor. Luego, proceden a evaluar su personalidad. Su rostro, palabras y lenguaje corporal son todo lo que necesitan para obtener una pista de quién es usted. Basándose en lo que averiguan, empiezan a proyectar una personalidad que empatice con la suya; lo hacen para formar un vínculo íntimo con usted. Una vez que se establece el vínculo, la manipulación, el lavado de cerebro y el control mental se vuelven muy sencillos. El manipulador busca sus fortalezas, debilidades, inseguridades, necesidades y las cosas que más valora. Cuando le hablan, hay cuatro cosas vitales que tratan de transmitir:

- Me gusta quién es usted.
- Soy igual que usted. Somos iguales.
- Puedo guardar sus secretos.
- Soy la persona perfecta (amigo, socio, amante, compañero) que usted necesita.

Lo que pasa con el control mental es que la persona puede no seguir las técnicas en una secuencia; pueden superponerse o saltar de una técnica a otra. Sin embargo, pueden influir con éxito en su proceso de toma de decisiones. Lo que distingue el control mental del lavado de cerebro es la percepción del manipulador por parte de la persona que está siendo manipulada. En el lavado de cerebro, el manipulador es a veces un enemigo obvio—alguien que no le gusta. Pero lo que la mayoría de la gente no se da cuenta es que también puede lavarle el cerebro alguien a quien considera un amigo. De hecho, el lavado de cerebro es mucho más fácil cuando está cerca de la persona que lo manipula. Cree que ese alguien es su amigo, su maestro, y que se preocupa por sus intereses. Sin saberlo, se convierte en un participante voluntario en el proceso de control mental y lavado de cerebro. Como se mencionó anteriormente, el manipulador intenta transmitir cuatro mensajes importantes cuando intenta que usted se abra. El objetivo de transmitir este mensaje es engañarlo para que crea que es un amigo.

El primer mensaje es, *"Me gusta quién es usted"*. Todo el mundo quiere ser querido. Es la naturaleza humana básica de querer ser notado, admitido y aceptado por los demás. Consciente o inconscientemente, buscas cumplidos de los demás. Normalmente es halagador cuando alguien se fija en usted y le presta atención. Los narcisistas y psicópatas entienden esta necesidad humana básica, así que la explotan. Le dicen cosas que le hacen sentir bien sobre sí mismo— haciéndole sentir aceptado y comprendido. Por eso son siempre tan superficialmente encantadores; sin embargo, puede que no se den cuenta de que los encantos y las sutilezas son falsos.

El Segundo mensaje es, *"Soy igual que usted. Somos iguales"*. Basándose en lo que los psicópatas saben ahora de usted, tanto por su evaluación como por lo que usted deja ver, comienzan a compartir detalles de su propia vida que corroboran con la suya. Comienza a creer que están bajando la guardia. Sin saberlo, la mayoría de las veces, son todas mentiras y cuentos vagos. Debido a que la información que comparten se alinea con sus valores, el vínculo que usted siente con ellos se hace más fuerte.

El tercer mensaje es, *"Puedo guardar sus secretos"*. Como el manipulador parece estar compartiendo detalles "íntimos" de su vida, fácilmente baja la guardia y comienza a contarles más sobre usted. Después de todo, se siente seguro, y ellos parecen entenderle a un nivel más profundo. Entonces, ¿qué es lo que no se debe compartir? Lo que no saben es que este manipulador está satisfaciendo su deseo psicológico de seguridad y protección, que es todo lo que necesitan para absorberlo aún más. Cuanta más información le des, mejor podrá proyectar a una persona que parecerá ser una pareja perfecta para usted.

Eventualmente, llegará a aceptar el cuarto mensaje, que es que el manipulador *"es el compañero perfecto para usted"*. Ahora tiene una fuerte representación en su mente, y se siente especial en su corazón. El manipulador ha logrado su objetivo, y ahora usted está unido a él. Dependiendo de si puede salir del lugar hundido o no, su destino puede estar ligado para siempre a su manipulador.

Probablemente piense que estas cosas son cosas básicas que suceden en una relación "normal". Cierto, pero solo si el manipulador no tiene un motivo oculto y finge su personalidad. El manipulador se acercó a usted por un motivo, y una vez que consiga lo que quiere, pasará a su próxima víctima.

El control mental y el lavado de cerebro se trata de poder y control. Las relaciones formadas con técnicas de control mental tienden a tener un desequilibrio de poder, y el poder siempre está con el manipulador. Ese es el objetivo final: obtener y ejercer poder y control sobre los demás.

Capítulo doce: Manipulación de los medios de comunicación e influencia subliminal

Los medios de comunicación son toda influencia. Todo lo que se ve en los medios está diseñado para influir en usted. Sin embargo, ¿alguna vez se ha preguntado si los medios también lo están manipulando? Algunos creen que los medios son más una herramienta de manipulación que de influencia. ¿Qué pasa si estas personas están "detrás de algo", como dicen en los medios de comunicación masiva? Según Wikipedia, la manipulación de los medios es "una serie de técnicas relacionadas en las que los partidarios crean una imagen o un argumento que favorece sus intereses particulares". Básicamente, los medios de comunicación pueden crear una cierta percepción de un tema, una persona, un grupo, o cualquier cosa al público. El público lo creerá porque se supone que los medios de comunicación son la principal fuente de información objetiva. Los medios de comunicación hacen esto mediante el uso de mensajes subliminales.

Cualquiera que consuma contenido de los medios es susceptible a la manipulación de los medios y a la influencia subliminal. Durante años, los mensajes subliminales han sido considerados como una de las artes oscuras usadas en la persuasión y la manipulación. Se cree que los anunciantes, los comerciantes, los políticos y los medios de comunicación utilizan los mensajes subliminales para manipular y modificar el comportamiento de las personas. ¿Pero cuán efectivas son las manipulaciones de los medios y la influencia subliminal? ¿Funcionan realmente los mensajes subliminales?

El concepto de mensajes subliminales se introdujo por primera vez al público alrededor de los años 50. Desde entonces, los investigadores han buscado entender más el concepto. En los últimos 60 años, la comprensión científica de los mensajes subliminales ha madurado.

"Subliminal" significa "por debajo del umbral". Los mensajes subliminales son considerados como señales que están por debajo del nivel de umbral absoluto de su conciencia. En otras palabras, son mensajes que no puede captar conscientemente porque están dirigidos a su conciencia subconsciente e inconsciente. Incluso si usted busca activamente una señal subliminal, no puede captarla activamente. El umbral absoluto es el nivel más bajo de estímulos que se pueden detectar, ya sean auditivos, visuales o sensoriales. Cuando un estímulo de su entorno externo cae por debajo del umbral absoluto, no puede detectarlo conscientemente.

Se cree que los medios de comunicación influyen subliminalmente en las percepciones de los consumidores al utilizar deliberadamente técnicas de comunicación que están diseñadas para generar respuestas específicas. El objetivo es conseguir que la gente haga cosas que normalmente no haría. En resumen, tanto la percepción como la respuesta a la influencia subliminal ocurren en la mente subconsciente. Los dos atributos deben definirse claramente porque la idea errónea popular es sobre la influencia supraliminal. Supraliminal, aunque se confunde con subliminal, es bastante diferente. Mientras que los mensajes subliminales y supraliminales evocan respuestas neuronales que posteriormente influyen en los pensamientos y comportamientos, los mensajes supraliminales son perceptibles por la mente consciente. Su conciencia consciente puede percibir cuando recibe señales supraliminares, pero no puede percibir las subliminales.

¿Cómo funciona la influencia subliminal? La mente consta de dos partes: la mente consciente y la subconsciente. La mente consciente le da el control efectivo de su mente. Puede pensar, sentir, juzgar y experimentar con plena conciencia a nivel consciente. Por otro lado, la mente subconsciente es la parte de su mente que está por debajo del nivel de conciencia consciente. Es el escondite de sus motivos, deseos y experiencias pasadas. Lo fascinante de la mente subconsciente es que funciona con piloto automático. Cuando se trata de procesar información, su mente subconsciente es mucho más poderosa que su conciencia. El subconsciente puede procesar 20.000 bytes de información simultáneamente, mientras que la conciencia solo puede manejar de tres a siete bytes. A lo largo del día, usted inhala y exhala. Pero ¿es usted consciente de cada respiración que hace? ¿Es consciente de cada paso que da y de cómo evita caerse? No, porque todas estas cosas se hacen de forma subconsciente. Así es como ocurre el pensamiento y el procesamiento subconsciente. Los mensajes subliminales se dirigen a la mente subconsciente.

La ciencia moderna dice que hay siete categorías de entradas sensoriales:

- Visual - vista
- Auditivo - oído
- Táctil - tacto
- Olfato - olor
- Gustativo - sabor
- Vestibular - equilibrio y movimiento
- Propriocepción - conciencia corporal

Entre estos siete, los sentidos visuales y auditivos son los más prominentes, por lo que también son los destinatarios de los mensajes subliminales.

Los mensajes visuales subliminales en los medios de comunicación son sub-visuales o incrustados. Los indicios sub-visuales se muestran muy rápidamente en el contenido de los medios, tan rápidamente que no se pueden percibir. Los mensajes incrustados son visuales estáticos a plena vista, con un entorno inalterable. Se utilizan a menudo en los anuncios. Un ejemplo es el billete de dólar en algunos anuncios de hamburguesas de KFC. Los mensajes subliminales auditivos son subaudibles o enmascarados. Los mensajes subaudibles tienen un sonido de bajo volumen insertado en los audios de alto volumen, de tal manera que no se pueden escuchar. El enmascaramiento de fondo es un mensaje audiovisual grabado al revés, de modo que el mensaje real queda oculto cuando se reproduce hacia adelante.

Ahora, ¿cómo influyen exactamente estos mensajes en su comportamiento? Una de las teorías propuestas es que la imprimación subliminal funciona para distribuir la activación en la red semántica. Los humanos tienen enlaces semánticamente conectados de conceptos en el cerebro, y cada concepto existe en una red más grande de conceptos interconectados. Tomemos como ejemplo a Microsoft: Cuando se le pregunta sobre Microsoft, probablemente pensará en Bill Gates, computadoras, Windows, etc. Microsoft se asocia a menudo con la innovación. Por lo tanto, si se le muestra brevemente un logotipo de Microsoft a alguien y luego se le pide que complete una tarea, es probable que sea más innovador en su enfoque porque su subconsciente ha captado con qué está asociado Microsoft.

Debido a que los mensajes subliminales están dirigidos a su subconsciente de modo que un anunciante, un político u otras personas puedan influenciarlo para que haga cosas que normalmente no aceptaría hacer, cuentan como una forma de manipulación. Esto explica por qué la gente piensa que los medios de comunicación son todopoderosos. Entienden el poder que tienen los medios y cómo usan ese poder. La manipulación de los medios de comunicación y la influencia subliminal deben considerarse poco éticas y tratarse como tales porque perfeccionan el arte de explotar la falta de conocimiento de una persona.

Capítulo trece: La psicología oscura del ciberespacio

Internet se ha convertido en un espacio seguro para narcisistas, psicópatas, maquiavélicos y personas que generalmente tienen un rasgo oscuro u otro—es un lugar donde pueden encontrar y elegir a sus víctimas. Los usuarios de Internet se refieren a estas personas como "trolls". Sin embargo, no parecen entender el daño que estos personajes pueden causar. De hecho, el "trolear" es la forma alegre de Internet de simplificar los actos de estos personajes. El trolear es un acto de perturbar y alterar las conversaciones en Internet solo para evocar ciertas respuestas de la gente. Cuando los trolls comentan, se puede decir que no tienen otro propósito para hacer esto, excepto molestar a todos los demás. Los trolls mienten, engañan, exageran y dicen cosas ofensivas a propósito para alterar negativamente los estados emocionales de los demás. Por mucho que quiera ignorarlo, es evidente que estas personas contaminan el ciberespacio y lo hacen cada vez más inhabitable para los humanos normales. Si piensa que los narcisistas y sus contrapartes son difíciles de identificar en la vida real, debería intentarlo en Internet.

La psicología oscura del ciberespacio es un marco metafórico y conceptual utilizado para definir un mundo virtual en el que todas las actividades criminales, engañosas, malévolas, desviadas y dañinas se cometen en un espacio abstracto. Diversas plataformas cibernéticas, como los sitios de redes sociales, foros, blogs y chats, proporcionan un entorno ideal para que los narcisistas, psicópatas, sádicos y maquiavélicos refuercen esa necesidad de poner a otros en peligro para promover sus intereses. Estas personalidades oscuras están tomando diferentes formas en línea. Algunos de ellos son influencers de las redes sociales, bloggers y demás personas que tienen el poder de influir en el comportamiento de sus seguidores y posiblemente incluso manipularlos para que hagan ciertas cosas. Las investigaciones confirman que el narcisismo es una tendencia en rápido aumento para la mayoría de las personas en Internet. Más y más usuarios de Internet se sienten importantes con un ego perturbadoramente desproporcionado. Internet es su paraíso, ¿pero, qué es *exactamente* lo que hace que la gente sea cada vez más oscura en el ciberespacio?

Internet puede considerarse un espacio abstracto. En Internet, cualquiera puede asumir la imagen que quiera. Incluso pueden elegir ser anónimos. Debido a la sensación de anonimato que ofrece Internet, y la capacidad de crear cualquier percepción que desee, muchas personalidades oscuras han convertido las redes sociales y los medios de comunicación en su paraíso. Añada a eso la falta de interacciones físicas y el mínimo esfuerzo, y entenderá por qué el ciberespacio se ha convertido en el lugar de los trolls y los depredadores.

Recientemente, los psicólogos han dedicado recursos para encontrar la relación que existe entre el lado oscuro de los humanos y el lado oscuro de Internet. ¿Qué han encontrado? Encontraron que ciertas actividades en línea tienen una conexión directa con diferentes rasgos de la personalidad. Los rasgos más prominentes son el narcisismo, el maquiavelismo, el sadismo y la maldad. El resultado de los estudios realizados sugiere que estos cuatro rasgos corresponden a cuán comprometidas están las personas con las actividades en línea.

El narcisismo es una preocupación excesiva por uno mismo y por las redes sociales. Los narcisistas no se cansan de Internet y sus muchas maravillas, incluyendo los sitios de redes sociales, como Twitter, Facebook, YouTube, etc. El maquiavelismo se correlaciona directamente con las apuestas en línea, las citas en línea, los juegos en línea y el sexo en línea. Básicamente, las personas que están excesivamente involucradas en estas actividades en línea son probablemente maquiavélicos en la vida real. El sadismo se correlaciona con los juegos en línea y el sexo en línea. La malevolencia se correlaciona con las compras en línea, los juegos en línea y el sexo en línea.

Esto no implica que todo el mundo en Internet sea un sádico furioso o una persona maliciosa. La investigación señala que estos rasgos de personalidad oscura están asociados con un compromiso superior al habitual con actividades en línea específicas, lo que apunta a una especie de afinidad psicológica con esas actividades. Por ejemplo, si alguien usa Instagram con mayor regularidad que la persona promedio—casi hasta el punto de la obsesión—puede ser narcisista. Esto se debe a que Instagram es la herramienta social perfecta para que los narcisistas muestren su "superioridad" sobre los demás. Sin embargo, no tiene nada que ver con la cantidad. Los primeros estudios sobre el uso de Internet y las redes sociales han demostrado que, hasta cierto punto, las personas psicológicamente oscuras usan Internet de manera diferente a los demás. Por ejemplo, los sádicos tienden a utilizar sus perfiles de Twitter para "trolear" a las celebridades y otras personas. Ha habido ejemplos de algunos de los llamados trolls que desean que las personas que no están de acuerdo con ellos sufran un dolor insufrible.

En algunos casos, simplemente hacen llover un aluvión de insultos degradantes sobre otra persona. Los trolls en línea perpetran muchos actos de burla a la gente gorda, a las zorras, a la riqueza y muchos otros. Aunque no todos los trolls son sádicos, la posibilidad de que un alto número de estos trolls sean sádicos hasta cierto punto no puede ser disipada.

Algunos psicólogos han sugerido que la cantidad de tiempo que se pasa en línea puede aumentar los rasgos oscuros de la personalidad. Según una investigación de la Escuela de Medicina de la Universidad de Stanford, el uso regular de Internet puede aumentar la impulsividad y las compras en línea. Teniendo en cuenta los resultados de la investigación, no sería un "objetivo" formular la hipótesis de que el tiempo que uno pasa en línea puede alimentar ciertos rasgos de la personalidad que se consideran oscuros, por ejemplo, el narcisismo.

Recientemente, investigadores canadienses, concretamente el profesor Eric Buckels, Paul Trapnell y Delroy Paulhus, decidieron averiguar el tipo de personas que son los trolls. Así que realizaron dos pruebas virtuales con 1.200 participantes. En las pruebas, les dieron a todos los participantes pruebas de personalidad para que las completaran y una encuesta sobre su comportamiento para comentar en Internet. En 2014, el resultado de este estudio fue publicado en la edición de septiembre de *Personalidad y Diferencias Individuales*. El estudio tenía como objetivo encontrar si había algo que relacionara el troleo con los rasgos de la tríada oscura. Al final, los investigadores encontraron que los rasgos de la tríada oscura eran mayores entre los que destacaban el troleo como su actividad favorita en línea.

Por lo tanto, es seguro decir que las actividades en línea son atractivas para las personas que ya tienen niveles elevados de rasgos oscuros. También se puede concluir que pasar mucho tiempo en el ciberespacio puede aumentar los niveles de rasgos oscuros. La próxima vez que se encuentre con un troll en línea, tenga en cuenta que lo mejor que puede hacer es ignorarlo.

Capítulo catorce: La psicología oscura de los cultos

La actividad de los cultos es algo que se ve con frecuencia en la televisión y es igual de común en la sociedad. Los cultos tienen esta capacidad de captar la atención de la gente, y el líder o líderes de un culto pueden ser cualquiera. Sin embargo, hay un patrón en ellos. Se habrán preguntado cómo una sola persona puede influenciar a tanta gente. Bueno, todo se reduce a la manipulación, el control mental, el gaslighting y el lavado de cerebro.

Si se pregunta cómo la gente cae víctima del encanto de los cultos, lo primero que debe saber es que es la naturaleza humana buscar consuelo dondequiera que uno pueda encontrarlo. Así que, en este mundo en el que no se puede garantizar que nadie le cubra las espaldas, mucha gente recurre a los cultos para obtener la comodidad que desean. Los cultos promueven una ilusión, por lo que son atractivos para muchas personas. Los líderes de los cultos son conocidos por hacer promesas inalcanzables. Venden sueños elevados que no son ofrecidos por ningún otro grupo en la sociedad. Algunos cultos pueden decirle que le ayudarán a alcanzar un nivel de éxito nunca antes visto—algo que nadie más puede prometerle. Algunas de las cosas que prometen incluyen seguridad financiera, completa salud, e incluso la eternidad. Estas mismas cosas están en el centro de los deseos humanos.

El mundo de hoy es difícil. Temas más abstractos se están apoderando de la escena. Ya nada parece ser blanco o negro. Como resultado, mucha gente está confundida, y quieren claridad— hasta el punto de que la buscarán en cualquier lugar donde puedan obtenerla. Los cultos ofrecen absoluta claridad para todo lo que esta gente quiere saber. Mucha gente se une a los cultos porque creen genuinamente que obtendrán respuestas absolutas a sus preguntas. Los líderes de las sectas se posicionan como si tuvieran respuestas a preguntas como la vida contra la muerte, el bien contra el mal, la política, el sentido de la vida y la religión. Promueven mensajes que parecen directos y sensatos—lo contrario de todo lo que los humanos enfrentan en la vida diaria. Pero cuando se mira en retrospectiva, se descubre que estas respuestas y soluciones aparentemente sencillas son tan vagas que no pueden definirse.

Cuando la gente piensa en los cultos, subconscientemente asume que solo las personas maliciosas se unen a los cultos. Se sorprenden cuando se enteran de que la mayoría de los miembros de los cultos son gente común. Pueden provenir de cualquier origen, rango de impuestos o código postal. Sin embargo, hay un patrón con estas personas, independientemente de su origen: baja autoestima. Los líderes de los cultos tienden a dirigir sus mensajes a personas con una identidad pobre y una autoestima aún más pobre. Esto se debe a que las personas con problemas de autoestima es más sencillo hacerles gaslight, manipularlas y lavarles el cerebro. Cuando alguien está en un estado en el que busca constantemente su identidad en otras personas, es vulnerable a los líderes de cultos y otras personas manipuladoras porque ofrecen entornos de apoyo y validación.

Aunque algunos cultos pueden parecer útiles a sus seguidores, es crucial señalar que la mayoría de ellos son destructivos. Utilizan diferentes técnicas de manipulación para establecer y mantener el control sobre sus miembros. Esto hace que los miembros permanezcan comprometidos con las actividades del culto. Reformas de pensamiento, persuasión coercitiva y lavado de cerebro son algunas de las técnicas más utilizadas.

La conclusión es que los líderes del culto son maestros del control mental. Convencen sin esfuerzo a sus miembros de que se aíslen de todos los que les importan (gaslighting), se retiren de la sociedad y entreguen sus posesiones en beneficio del culto. Utilizan la humillación pública, la autoincriminación, la paranoia y otras técnicas establecidas para mantener el dominio sobre sus miembros. Es difícil dar una razón específica de por qué la gente forma cultos. Sin embargo, una cosa razonable que es común a todos los que usan tácticas y técnicas manipuladoras para avanzar en sus intereses personales es la necesidad de afirmar el poder, el control y el dominio sobre los demás.

Los efectos psicológicos que los cultos dejan en sus víctimas pueden ser perjudiciales. Una cosa acerca de las personas que se unen a los cultos es que no saben que están en un culto hasta que están fuera de él. Si bien puede ser obvio para quienes los rodean, las víctimas no reconocen el significado y el simbolismo de aquello de lo que se han convertido en parte. La mayoría de los miembros entran en un culto voluntariamente sin entender el impacto y el poder que podría tener sobre ellos. Esto se debe a que tienden a prestar más atención a los beneficios percibidos que a los posibles peligros. Una vez fuera, las víctimas de los cultos suelen pasar años tratando de superar y reparar los daños emocionales, mentales y psicológicos sufridos durante su estancia en el culto.

Finalmente, muchas personas piensan que los cultos son religiosos, pero esto es un concepto erróneo. Los cultos pueden ser políticos, filosóficos, relacionados con los negocios y con el estilo de vida. Un ejemplo de un culto de estilo de vida es el culto Hare Krishna, donde los miembros adoptaron el estilo de vida oriental, vistiéndose con ropa de temática oriental, degustando la cocina oriental y adoptando las prácticas de meditación de Oriente.

Capítulo quince: Ejemplos de propaganda política

La propaganda se define como la difusión de información, factual o de otro tipo, para influir en la opinión pública. Desglosándolo más, la propaganda es un esfuerzo cohesivo y sistemático para influir o manipular abiertamente las opiniones, creencias, actitudes y acciones de la gente mediante el uso de simbolismos. Estos simbolismos se representan mediante gestos, palabras, banderas, insignias, estilizaciones, sellos postales, etc. La propaganda puede estar basada en suposiciones, medias verdades, argumentos, rumores o mentiras. La propaganda política es básicamente lo mismo, pero en un sentido político.

Los propagandistas tienen un conjunto intencional de objetivos que buscan alcanzar. Para lograr sus objetivos, seleccionan deliberadamente información subjetiva y objetiva y luego la presentan de manera que pueda tener un efecto dominó en los consumidores de esa información. Para maximizar el efecto, pueden distorsionar u omitir las partes más vitales de la información—o mentir. Los propagandistas trabajan para desviar la atención del público de todo, excepto de su agenda. La propaganda se describe a menudo como engañosa o tendenciosa porque normalmente cuenta una parte de la historia para promover una cierta imagen o perspectiva. La propaganda política es real y es aún más obvia en las redes sociales de hoy en día. Desde Twitter hasta Facebook, lo más seguro es que siempre se pueda ver un post que promueva una cierta visión o causa.

El consenso general es que la propaganda ha existido por muchos años, probablemente desde el principio de los tiempos. De hecho, lo que la serpiente le hizo a Eva en el Jardín del Edén puede ser considerado como propaganda. Durante siglos, los humanos han usado los principios propagandísticos para manipular la percepción y la opinión pública. Sin embargo, el término en sí mismo no se introdujo hasta el siglo XVII. La propaganda, contrariamente a lo que se pueda pensar, no solo se utiliza en la política; puede usarse en varios aspectos de la vida, incluyendo relaciones públicas, negociaciones diplomáticas, negociaciones colectivas, publicidad comercial y campañas políticas. Algunas personas creen que la campaña "CAMBIO" de Obama en 2008 es un ejemplo ideal de propaganda al estilo de la PNL. Independientemente del campo, la propaganda no tiene un público objetivo específico o definitivo. Puede ser dirigida a cualquier grupo de personas a nivel local, nacional, internacional y global.

Hay diferentes ejemplos de propaganda. Los anuncios son generalmente considerados como propaganda porque buscan promover un producto o servicio en particular. Por ejemplo, un anuncio de Pepsi promueve las bebidas de Pepsi como las mejores. Algunos anuncios llamativos incluso hacen sombra a cualquier otra bebida que se considere un competidor, como la Coca-Cola.

Centrándose específicamente en la propaganda política, puede interesarle el hecho de que la propaganda política ha existido desde hace tanto tiempo como el lenguaje escrito—varios ejemplos en la historia se remontan a la primera civilización de la historia humana. A principios del siglo XVII, una nueva ideología religiosa llamada protestantismo fue tentadora y se ganó a los conversos de la Iglesia católica. Sin embargo, este no fue el único problema que la Iglesia tuvo que enfrentar—muchos problemas venían del Nuevo Mundo.

Afortunadamente para la Iglesia, la mayoría de la parte occidental del Nuevo Mundo estaba bajo colonización de los monarcas apoyados por la Iglesia, por lo que el papa decidió tomar medidas decisivas. El papa fundó un nuevo departamento papal que convertiría a la gente del Nuevo Mundo a la fe católica. Este nuevo departamento fue declarado la *Congregatio de Propaganda Fide*, que significa "Congregación para la Propagación de la Fe". Esto se considera el origen de la palabra "Propaganda." La nueva creación de la Iglesia envió a sus misioneros al Nuevo Mundo para compartir materiales usados para inducir a los colonos e indígenas a la fe católica. Estos materiales se llamaban entonces propaganda, pero no se le asignó ninguna connotación negativa a la palabra.

Al comienzo de la Primera Guerra Mundial, muchos de los gobiernos del mundo crearon oficinas dedicadas específicamente a crear y compartir propaganda, que fue cuando la palabra tomó una connotación negativa para el público. Por ejemplo, Alemania creó su Oficina Central de Servicios Exteriores, dedicada a responder a la propaganda compartida por el gobierno británico. Todo el material creado y distribuido por las oficinas de propaganda de las diferentes naciones se compartió claramente para hacer circular información falsificada entre la gente en el extranjero. Sin embargo, algunos de los materiales de propaganda fueron compartidos en realidad para obtener apoyo a los esfuerzos de guerra dentro del país. Pero el primer grupo que integró temas relacionados con la guerra, la familia, la rebelión, la obediencia y la moralidad en la propaganda política de la manera más innovadora fue el de los bolcheviques de Rusia. Usaron la propaganda de tal manera que podían influir en la forma en que otros gobiernos veían el uso de materiales propagandísticos para influir en la opinión pública. Las propagandas tenían un significado simbólico y emocional tan fuerte que eran capaces de incitar y provocar poderosas emociones y reacciones, lo que resultaba en disturbios políticos. Sin embargo, la propaganda política no fue totalmente aceptada hasta la Segunda Guerra Mundial, donde los gobiernos de todo el mundo lucharon con uñas y dientes para lograr sus objetivos.

Adolf Hitler comprendió el poder de los símbolos y los eslóganes, y cómo pueden ser utilizados para motivar a la gente. Hitler estableció el Ministerio de Iluminación Pública y Propaganda en 1933 cuando tomó el control de Alemania. Los Estados Unidos, Gran Bretaña, Alemania y Japón produjeron toneladas de anuncios, carteles, imágenes y materiales similares que satanizaron a los enemigos y los victimizaron. También utilizaron la propaganda para exigir lealtad nacionalista a los ciudadanos, casi hasta el punto del fanatismo.

Desde entonces, la propaganda ha adoptado un enfoque mucho más moderno. Los departamentos de medios de comunicación de todos los partidos políticos crearon un grupo de trabajo para crear propaganda para sus campañas. Esto es especialmente evidente cuando se trata de campañas de candidatos. Los propagandistas modernos emplean varias técnicas para apelar a las emociones. Afortunadamente, la propaganda no es tan manipuladora como la PNL; sin embargo, las técnicas de la PNL pueden ser infundidas en las campañas de los propagandistas. Se puede averiguar fácilmente si algo es propaganda dando un paso atrás y examinándolo y analizándolo cuidadosamente.

Un ejemplo interesante de propaganda puede encontrarse en la autobiografía de *Jang Jin-Sung,* un antiguo poeta estatal de la República de Corea del Norte. En su autobiografía, Jang explicó que su trabajo como poeta nacional laureado y miembro del círculo íntimo era escribir libros y reportajes de "surcoreanos", afirmando que estaban asustados y desesperados por reconciliarse con el Norte. Estos libros e informes fueron luego pasados de contrabando a Corea del Sur. Después, los espías norcoreanos colaban los materiales al público. Una vez que se revelaban al público, las afirmaciones del gobierno de que los surcoreanos estaban asustados y ansiosos por reconciliarse se comprobaron. Esto despertó y fortaleció el espíritu de nacionalismo en los ciudadanos de Corea del Norte que no tenían idea de que el gobierno falsificaba informes y libros. Este es un poderoso ejemplo de cómo la propaganda política puede influenciar y manipular la opinión pública y las reacciones.

En la esfera política moderna, algunas de las formas en que se utiliza la propaganda incluyen:

- **Lemas, eslóganes y frases hechas**: Son palabras o frases cortas, breves y pegadizas que no solo son fáciles de procesar, sino también fáciles de recordar. Denominadas tags o etiquetas del tamaño de un bocado, suelen ser lo suficientemente poderosas como para incitar a una multitud. Se han hecho cada vez más populares gracias a la era de las redes sociales, donde todo lo que se necesita son 120 caracteres para difundir la propaganda. Debido a lo fácil que son de compartir y transmitir, los tags son usados para propaganda viral.

- **Alentar el miedo y usar un chivo expiatorio**: Esta es una técnica de propaganda singularmente poderosa que ha existido por mucho tiempo. El alarmismo implica el uso de ideas profundas y simbólicas para influir en la opinión pública provocando un fuerte, a veces irracional, sentimiento de miedo. A menudo se utiliza junto con la utilización de chivos expiatorios, lo que implica culpar a un grupo particular por los problemas de la sociedad. Estos dos métodos son utilizados regularmente por grupos racistas, xenófobos, discriminatorios y autoritarios, partidos políticos o candidatos políticos.

- **La demonización**: Esto implica la caracterización de un oponente político como malvado, peligroso y vil en la mente del público. Si se usa correctamente, la propaganda puede desencadenar sentimientos viscerales de repugnancia y miedo por el objetivo. Este tipo de propaganda emplea el uso de imágenes exageradas e hiperbólicas. Se utiliza como "campaña de desprestigio político". Si utiliza las redes sociales regularmente, se encontrará con este tipo de propaganda

- **Gente común:** Los candidatos políticos usan esta técnica de propaganda para que la gente común sienta que se relaciona directamente con el significado y el mensaje de la propaganda. Lo hacen usando cierto coloquialismo y simbolismo que puede parecer mundano para el público en general. Esta técnica en particular se está volviendo cada vez más popular en los Estados Unidos.

Hay varias otras técnicas de propaganda que incluyen, *Paternalismo, Efecto de Arrastre, ondear la bandera, Ad Nauseum, victorias inevitables,* y otras.

Detectar la delgada línea entre información y propaganda se está volviendo más difícil, haciendo a más gente susceptible a su psicología. Esta nueva era es ciertamente para la propaganda, especialmente en la política a través de la esfera virtual y digital. Es importante prestar atención a la información que se obtiene en línea. Saber de dónde viene la información y buscar el origen de la información para evitar sesgos. Si bien no puede evitar la propaganda de manera realista— ya que siempre está en su cara—puede asegurarse de que entiende las técnicas que los propagandistas usan para persuadir, influenciar e incitar a la gente. ¡Esto es crucial si quiere mantener su conciencia en un mundo en el que siempre hay alguien que busca constantemente influenciarlo de maneras que usted no espera!

Capítulo dieciséis: Cómo protegerse de los manipuladores

Protegerse de los manipuladores es fácil—siempre y cuando esté dispuesto a aprender cómo hacerlo. Esto puede parecer una cosa extraña de decir. Después de todo, ¿por qué no estaría dispuesto a aprender a protegerse de los depredadores que podrían hacerle daño y poner en peligro su vida? Naturalmente, el instinto de todos debería ser encontrar formas de protegerse de individuos manipuladores y engañosos. Es interesante, sin embargo, que algunas personas buscan subconscientemente a personas manipuladoras, o, más específicamente, a narcisistas, sádicos, psicópatas, etc. Esto sucede debido a una serie de factores.

Cuando Ted Bundy fue aprehendido y condenado, todavía había quienes creían genuinamente en la posibilidad de salvar su alma. Este es el tipo de personas que subconscientemente buscan formar relaciones con narcisistas, psicópatas, etc. Los codependientes son un ejemplo de personas que subconscientemente buscan relaciones con narcisistas. Como se ha dicho, protegerse de individuos con rasgos de tríada oscura es bastante sencillo cuando se sabe qué hacer. Una vez que ha identificado a alguien que cae en esta categoría en su vida, aquí hay algunos pasos que puede tomar para protegerse de ellos antes de que tengan la oportunidad de intentar algo.

Deje de buscar la aprobación de los demás

No permita que la gente lo defina. A sabiendas o no, muchas personas que caen víctimas de los narcisistas o maquiavélicos, y sus contrapartes, son personas que buscan la validación y la aceptación de los demás. Esto puede ser algo curioso para usted—ya que los narcisistas buscan la aprobación de la gente, pero la diferencia es que ellos no lo hacen evidente. A menos que esté familiarizado con los narcisistas, puede conocer a uno y ni siquiera reconocerlo. Todo lo que pensará es que le gustaría tener tanta confianza como ellos, sin saber que esa confianza es una farsa. La única forma en que la gente podrá manipularte es si usted les da una oportunidad. Y la forma más fácil de darles la apertura que buscan es necesitar su aprobación y validación. No le preste atención a los cuatro mensajes que están tratando de transmitirle. Entienda su táctica de manipulación por lo que es.

Establezca límites saludables y hágalos cumplir

Establecer límites es una cosa, pero hacer esfuerzos proactivos para hacer cumplir esos límites es otra. ¿Qué es lo que no puede tolerar de su manipulador? Piénselo y decida dejar de permitir que se salgan con la suya en esos comportamientos. Si ya tiene una relación con un manipulador y no sabe cómo establecer límites saludables, no tema buscar ayuda profesional. Vaya a terapia y aprenda cómo puede establecer y mantener los límites que ha establecido. Una de las razones por las que las personas con rasgos de personalidad oscuros pueden explotar a sus víctimas es porque las víctimas no establecen límites. Y cuando tienen límites, estos son excepcionalmente pobres e ineficientes. Un límite le permite a su pareja saber con qué está dispuesto a vivir y qué está dispuesto a aceptar—o a hacer por ellos.

Preste atención a sus vulnerabilidades

Antes de que un manipulador use sus vulnerabilidades en su contra, tome el control de su historia. Todo el mundo tiene una o más vulnerabilidades. Contrariamente a lo que los individuos manipuladores le harán creer, la vulnerabilidad no es un signo de debilidad. En lugar de dejar que usen sus vulnerabilidades en su contra, encuentre maneras de manejarlas. Si tiende a culparse o autocriticarse, busque ayuda de los que forman su sistema de apoyo. Por ejemplo, su tendencia puede ser la de ser demasiado comprensivo con las personas. Las personas comprensivas son más vulnerables a los ataques perversos de personas malintencionadas. Así que tenga cuidado y no permita que nadie se aproveche de su naturaleza comprensiva. Los estudios muestran que los empáticos (personas empáticas) son más susceptibles a las relaciones con un desequilibrio de poder, específicamente las relaciones con narcisistas.

Establezca una base de apoyo para usted mismo

Si aún no tiene uno, establezca un círculo de personas que lo apoyen y conozcan para que se sienta más seguro. Los manipuladores tienden a aislar a sus víctimas, pero esto es mucho más difícil cuando la víctima tiene amigos y familiares que la apoyan y a los que está unida. Un patrón con las víctimas de la manipulación es que tienden a ser personas que no tienen seres queridos alrededor. Un ejemplo es una chica universitaria en una ciudad nueva. Sin nadie a quien recurrir, tienden a caer en el encanto del manipulador fácilmente. Así que, forme un círculo de amigos leales y de confianza. Hábleles de sus problemas. Su perspicacia puede ser valiosa para salir de cualquier situación que pueda dañar su salud mental, emocional y psicológica.

Recuerde constantemente sus prioridades

Cuando se pierde a sí mismo por una persona manipuladora, se pierde la pista de sus objetivos y prioridades personales. Los manipuladores solo se preocupan por ellos mismos; le utilizarán para avanzar en sus objetivos mientras usted permanece en una posición estática. Le dirán todo tipo de cosas para desacreditar su sueño y ambición. Incluso si no lo desacreditan, pueden intentar convencerle de que lo cambie por algo que les resulte más beneficioso. Cada día, aclárese sus objetivos y prioridades. Recuérdese a sí mismo su sueño y ambición. Pregúntese qué significan para usted las tareas que realiza y cómo contribuyen a sus aspiraciones. Si no parecen contribuir de ninguna manera, déjelas y empiece a involucrarse activamente en las que importan. Esto es para fortalecerse a sí mismo hasta un punto en el que no pueda ser manipulado para cambiar de rumbo. También es necesario enfocarse para evitar involucrarse demasiado emocionalmente si el manipulador está creando dificultades en la relación.

Llámelo como usted lo ve

Una de las razones por las que los manipuladores perpetúan su comportamiento negativo y condenatorio es porque creen que no pueden ser atrapados. A veces, cuando usted identifica que la persona con la que está en una relación es manipuladora, no se aleje de la relación. Confróntalos y hazles entender que sabe quiénes son. Esto los desconcertará y sacudirá su confianza superficial. Sacuda su estado mental delirante en una confrontación inevitable y hágales saber *exactamente* lo que ha observado y cómo sus acciones le afectan. En todo caso, el manipulador, en este caso, será el que huya lejos de usted. Antes de enfrentarlos, sin embargo, asegúrese de tener una lista de ofensas específicas, con los detalles más minúsculos y obvios. Sin el uso de la especificidad, el manipulador puede escaparse de sus manos. Sin embargo, hágalo de manera diplomática en lugar de grosera.

¿Qué es lo que no debe hacer?

• No crea en las promesas de un manipulador; son falsas.

• No confíe en ellas en absoluto, excepto en las cosas más básicas y mundanas.

• No piense que puede ser más listo o más hábil que ellos; ellos son los expertos.

- No piense que sus palabras, acciones y comportamientos reflejan su autoestima.

Siguiendo estos consejos, usted puede quitarle el control a un manipulador y permanecer a cargo de su vida.

Conclusión

Ha llegado al final de un increíble viaje de aprendizaje, y con suerte, valió la pena. Habiendo llegado a esta parte del libro, ha logrado desentrañar el arte de la manipulación y la psicología de los manipuladores.

Desde el principio, el libro profundizó en la psicología oscura y su aspecto manipulador. En consecuencia, el tempo se mantuvo igual a medida que aprendió más sobre el control de la mente y las técnicas de lavado de cerebro como el gaslighting, la PNL, la influencia subliminal, y así sucesivamente.

Ha aprendido lo suficiente para empezar a protegerse de narcisistas, psicópatas, maquiavélicos y sádicos sin duda alguna. Nunca hay que olvidar que una persona solo puede influenciarle en la medida en que usted se lo permita.

¡El poder permanece siempre con usted!

Vea más libros escritos por Neil Morton